DR. MED. TONI PIZZECCO

Optimismus-Training

THEORIE

PRAXIS

SERVICE

Dr. med. Toni Pizzecco lebt und arbeitet als Arzt in Südtirol. Sein Studium und die Ausbildung zum Facharzt absolvierte er in Padua und in Los Angeles. Neben seinem Engagement als Arzt ist er begeisterter Musiker.

Dr. Pizzecco ist im Einsatz als Notarzt bei den »Flying Doctors of East Africa«, und er ist Gründer und Präsident des Vereins »Südtiroler Ärzte für die Dritte Welt«. Dr. Pizzecco arbeitet in einer Praxis in Südtirol, wo er heute etwa vierzig Patienten pro Tag behandelt.

Er arbeitete als Arzt schon in sehr vielen Ländern dieser Welt – und traf dabei viele, sehr verschiedene Menschen: scheue Buschmenschen in Ostafrika, aggressive Favela-Bewohner in Rio de Janeiro, demütige Slumfamilien in Kalkutta, illegale Einwanderer aus Mexiko und überhebliche Ultrareiche in Hollywood. Bei diesen vielen ganz unterschiedlichen Erlebnissen stellte sich ihm immer wieder die Frage: Wovon hängt es ab, ob sich ein Mensch glücklich oder unglücklich fühlt? Wie kommt es, dass Menschen unzufrieden und deprimiert sind, denen es im Grund an nichts mangelt? Und andere glücklich sein können, obwohl es ihnen an so vielem fehlt? Aus diesen Fragen entstand die Idee zu diesem Buch.

EIN WORT ZUVOR

In meiner Praxis bekomme ich so manches zu sehen und zu hören, vom Muskelriss bis zum Magengeschwür, vom Hauttumor bis zur Gallenkolik, von der Mandelentzündung bis zur Depression: Das Leid hat viele Gesichter. Am vielfältigsten ist aber der Mensch selbst, mit seinen ganz individuellen wunden Punkten. Als Arzt braucht es viel Einfühlungsvermögen, Geduld und Kreativität, um aus dem Mosaik der Beschwerden ein klares Bild herauszufiltern und dem Patienten helfen zu können. Da zählt oft die Intuition mehr als das Wissen, das Menschsein mehr als das Arztsein. Dennoch habe ich nach all diesen Jahren als Arzt zum Problem Krankheit einiges erkannt. Obwohl Menschen so verschieden und ihre Symptome so vielfältig sind, verbirgt sich die Ursache des Leidens bei fast allen am gleichen Ort: Geist, Gedankenwelt, Gehirn, Gefühl, Seele – wie Sie es nennen, spielt keine Rolle. Ich selbst bezeichne es als »Organ des Denkens«.

So lange schon wird in der Medizin alles bis auf das letzte Molekül durchstudiert, aber wenn es um das »Organ des Denkens« geht, stehen wir alle als Laien da. Ist wirklich alles, was sich um das menschliche Gehirn dreht, so mysteriös und unergründlich? Ich glaube, wir sollten wenigstens einen Versuch unternehmen! Daher wage ich es in diesem Buch, zusammen mit Ihnen, liebe Leser, der Kunst des Denkens nachzugehen: Wie das Denken uns Lebensenergie gibt oder nimmt, unsere Augen zum Leuchten oder zum Weinen bringt, wie es uns Nächte schenkt oder raubt, uns todkrank macht oder von schwerer Krankheit heilt. Ich möchte analysieren, wie dieses Denken in mir und in Ihnen abläuft, wie wir es steuern – und wie es uns lenkt. Begleiten Sie mich auf eine gemeinsame Forschungsreise, auf der wir entdecken, wie die »Medizin Optimismus« wirken kann!

Ihr Dr. med. Toni Pizzecco

WIE WIR DENKEN

Ob glücklich, traurig, zufrieden oder frustriert:
Sie selbst sind die Hauptperson in einem Gedanken-Film,
der auf faszinierende Art Ihr Leben bestimmt.

Wie denken Sie denn?

OFFEN BLEIBEN
Können Sie »Krisen« als etwas sehen, was zwar Ihre Pläne in Frage stellt, – aber auch neue Chancen mit sich bringt?

Manche Menschen sind einfach vom Glück begünstigt: Alles gelingt ihnen. Alles fällt ihnen zu. Während man selbst strampelnd im Alltag feststeckt und von einem Missgeschick ins nächste zu laufen scheint. Woran liegt das?

Sicher: Jeder hat einen ganz eigenen Lebensweg. Es gibt Schicksale, die härter als andere sind. Aber dass sich heute so viele Menschen psychisch krank, permanent erschöpft, niedergeschlagen oder gereizt ... kurz: in einem schlechten seelischen Zustand befinden, obwohl es ihnen materiell besser geht als den meisten Menschen jemals zuvor auf der Welt – ist das wirklich unabwendbar? Vielleicht denken Sie jetzt, dass es eben in Ihrer individuellen Situation viele ganz spezielle Widrigkeiten gibt, gegen die Sie ohnehin nichts tun können. Und bei einigen davon haben Sie sicher Recht. Trotzdem macht es Sinn, sich zu fragen, wie man diese Widrigkeiten betrachtet: als ein unüberwindliches, böses Schicksal, dem man hilflos ausgeliefert ist?

Wofür Optimismus gut ist

Wenn Sie es schaffen, in komplizierten Situationen die Chancen zu entdecken, hilft Ihnen das sehr. Zum einen, weil es Ihnen mit dieser Denk-Art einfach viel besser gehen wird: Sie fühlen sich wieder stark statt ohnmächtig. Und zum anderen, weil Sie so tatsächlich wieder stärker werden – nicht Angst und ohnmächtige Wut dirigiert Ihr Denken. Sie können konstruktiv und kreativ an die Lösung Ihrer Probleme gehen.

WAS TREIBT UNS HEUTE UM?

Die moderne Welt macht es dem Menschen nicht einfach, eine Antwort auf die vielen Fragen zu finden, die er in sich trägt. Die Quellen, die Menschen in früheren Zeiten Antworten gaben, sind heute für uns oft nicht mehr vorhanden: Erfahrungen der Alten, Lehren der Weisen, die Regeln der Ahnen, Antworten der Religionen werden von der Hektik des Kommunikationszeitalters verschlungen. Gestresst und ausschließlich auf die Zukunft orientiert, verfolgen wir pausenlos die Welt der Technik und der Informatik. Wir lassen uns von dieser endlosen Informationsflut im Sekundentakt mit Bildern berieseln und haben keinen Augenblick Ruhe. Es regiert das Traumbild des schönen, starken, attraktiven, gesunden und glücklichen Menschen. In dieser heilen Welt der Bilder ist im Grunde alles ohne Fehler. Für menschliche Schwächen und Zweifel gibt es darin keinen Platz: sondern nur für die Perfektion und das Makellose. Alles funktioniert nach dem Computerprinzip mit der Formel 0 – 1 – 0, Schalter aus – Schalter an – Schalter aus. Dabei erwarten viele Menschen immer selbstverständlicher, dass selbst inneres Wohlbefinden – kurz: das Glück – durch einen Druck auf die richtige Taste herbeigerufen werden kann.

Willkommen in Bärbel Finsters Leben

Frau Finster, 43 Jahre alt, ist Mutter einer 14-jährigen Tochter, verheiratet – und arbeitet seit 3 Jahren wieder in einem Teilzeitjob als Teamassistentin, nachdem sie vorher 11 Jahre mit ihrer Tochter zu Hause war. Ihre Probleme? Ihr Mann unterstützt sie nicht im Haushalt, die Tochter lernt nicht, hat Schulprobleme und ist aufmüpfig wie alle Teenager heute! Und im Büro gibt es auch nur Stress: Ihre Arbeit kann sie nie innerhalb der vereinbarten 25 Wochenstunden schaffen, daher steht sie permanent unter Druck. Und hier beginnt ein ganz normaler Tag im Leben von Bärbel Finster ...

Guten Morgen, Frau Finster!

Bärbel Finster erwacht – ein Sonnenstrahl fällt ins Zimmer. Sie ist gut gelaunt. Sie hat wunderbar geschlafen und freut sich auf den Tag – vor allem auf den Abend, sie wird wieder mit ihren beiden Freundinnen zum Sport gehen und danach noch gemeinsam mit ihnen in dieses kleine Café ...

Während sie sich genüsslich räkelt, fällt ihr Blick auf ihren noch schlafenden Mann – sie kuschelt sich kurz an ihn, bevor sie aufsteht ... Da fällt ihr plötzlich ein, dass sie heute Abend ja gar nicht zum Sport gehen kann. Die Lehrerin ihrer Tochter Julia hatte gestern Abend noch angerufen: Julias Leistungen in der Schule hatten sich weiter dramatisch verschlechtert, die Lehrerin bat um ein Gespräch, der Wechsel vom Gymnasium auf die Realschule war wohl tatsächlich nicht mehr zu umgehen. Während diese wenig erfreulichen Gedanken Bärbel Finster durch den Kopf gehen, fällt ihr Blick auf die Mappe auf ihrem Nachttisch. Vor Ärger und Sorge über Julias Faulheit war sie gestern nicht mehr dazu gekommen, die Präsentation für heute Mittag noch mal durchzusehen. Um 11.30 Uhr heute würde die Präsentation sein – vorher musste sie noch die gesamte Technik dafür vorbereiten,

GU-ERFOLGSTIPP

Es ist schwierig, froh gelaunt in den Tag zu starten, wenn man ein klassischer Morgenmuffel ist und früh einfach schwer in die Gänge kommt. In diesem Fall ist es besonders wichtig, sich selbst ganz gezielt in gute Laune zu versetzen: Lassen Sie sich von Ihrer Lieblingsmusik wecken, bereiten Sie am Vorabend schon den Frühstückstisch vor, legen Sie sich die Kleidung zurecht, die Sie gerne tragen ... alles, was den morgendlichen Ablauf erleichtert, Ihnen morgens Suchen, Hektik und Stress erspart und Sie in gute Laune versetzt, kann zu Ihrer persönlichen Starthilfe in einen guten Tag werden.

die Belege ihrer Abteilung für die Lohnbuchhaltung zusammenstellen und kontrollieren, mehrere Termine für die restliche Woche koordinieren – und um 10 Uhr ein Meeting mit den beiden Assistentinnen der anderen Abteilung: keine Chance mehr, einen Blick auf diese Präsentation zu werfen! Bevor sie also heute Abend zu der Lehrerin musste, würde es auch im Büro Probleme geben: Ihr Chef würde sich wieder wahnsinnig aufblasen, wenn auch nur ein Fehler in den Unterlagen zu finden war. Bärbel Finster wirft einen gar nicht mehr zärtlichen Blick auf ihren Mann Reiner, der immer noch friedlich dem zweiten Weckerklingeln entgegenschlummert: Klar, er schlief ruhig! Er würde natürlich wieder nicht ihre Probleme teilen! Da sie ja täglich »nur« bis 15 Uhr arbeitete, waren alle Schwierigkeiten, die zu Hause auftraten, von ihr allein zu lösen. »Verdammt, vor dreißig Sekunden war ich noch ein glücklicher Mensch! Und jetzt? Diese Lehrerin … Und Julia ist auch nicht mehr die süße, liebe Tochter von einst …«

Sie taumelt ins Bad. Im Spiegel sieht sie ihr Gesicht. »Wie ich wieder aussehe: blass und alt – furchtbar!« Nur schnell unter die Dusche. Siedendheiß fällt ihr jetzt plötzlich auch noch ein, dass morgen ja ein Feiertag ist! Nicht genug damit, dass sie das einen Tag Arbeitszeit kosten würde, an dem sich noch mehr Unerledigtes auftürmen würde, als es eh schon ständig gab: Heute muss auch noch eingekauft werden – ihre Schwiegereltern werden morgen Mittag zu Besuch kommen! Während ihr das warme Wasser über den Körper läuft, schwirren ihr alle möglichen Gedanken durch den Kopf: »Büro, Lehrerin, Pubertätszickerei, Putzerei und Einkauf, nervige Schwiegermutter, phlegmatischer Mann …«

Abgetrocknet und schnell in die Küche – es kann sich ja wieder niemand selbst sein Frühstück zubereiten, so dass sie das noch für alle drei erledigen muss, bevor sie dazu kommt, sich die Haare zu föhnen. In der Küche schaltet sie das Radio an, in der Hoffnung auf eine Musik, die sie in bessere Stimmung bringt. Statt dessen erwischt sie die Nachrichten – und während der Kaffee aufgebrüht wird, hört Bärbel Finster die Neuigkeiten von überallher: »Israel, Tel Aviv: Ein Selbstmord-Attentäter hat sich in einer Diskothek in die Luft gesprengt. 25 Jugendliche kamen dabei ums Leben.«

DIE REGIE ÜBERNEHMEN

Vielleicht fällt es Ihnen noch schwer, daran zu glauben, dass Sie allein die Macht über Ihr Kopfkino haben. Mir ging es früher ähnlich! Lassen Sie uns deshalb dazu gleich einen kleinen Versuch machen: Wie geht es Ihnen im Alltag? Ähnlich wie Frau Finster?

Die ersten Gedanken direkt nach dem Aufwachen morgens entscheiden oft über die Stimmung des ganzen Tages!

»Furchtbar«, denkt Frau Finster. »Das wird ja immer schlimmer dort drüben!«

»Spanien: Der Tanker Exxon Golfstream ist heute in der Nacht mit 25.000 Tonnen Rohöl an Bord im Atlantik gesunken. Die Ölpest hat bereits die Küste erreicht. Italien, Turin: 3000 Entlassungen bei Fiat. Die Gewerkschaften kündigen einen Generalstreik an. Familientragödie in Berlin: Ein Familienvater erschießt seine Frau, beide Kinder und begeht am Ende Selbstmord.«

Bärbel Finster hat das Gefühl, dass ihr Kopf kurz vorm Explodieren ist. Nicht nur, dass sie bereits zum dritten Mal ihre Tochter zum Aufstehen ermahnt hat, die Nachrichten hinterlassen in ihr das Gefühl, dass die ganze Welt durchdreht. Schließlich schlurft Julia herein. Ohne ein »Guten Morgen« schleicht sie an ihrer Mutter vorbei. »Guten Morgen!« Bärbel Finsters Stimme bebt gereizt. Jetzt geht die Hektik erst so richtig los. Reiner kommt hastig in die Küche, stürzt den noch zu heißen Kaffee mit einem leisen Fluch runter, den Bärbel für ihn gemacht hat. »Isst du nichts zum Frühstück?«, fragt sie ihn. »Nein, keine Zeit, ich muss los, bin schon viel zu spät dran!« Die Aktentasche in der Hand, stürzt er aus dem Haus. Julia hat er kaum angesehen, sie reden in letzter Zeit fast nicht mehr miteinander. Dafür hat Bärbel Finster auch heute morgen schon wiederholt vergeblich auf Julia eingeredet und versucht, ihr einen Kommentar zum Gespräch mit der Lehrerin später abzuringen. Natürlich vergebens.

Genervt fönt sich Bärbel Finster die Haare, macht sich schnell für die Arbeit fertig und geht zügig los. Die Sonne, die sie vor einer Stunde geweckt hat, scheint immer noch ebenso hell und strahlend. Frau Finster sieht und spürt sie nicht, sie fühlt sich geblendet, während sie mit dem Kopf voller Gedanken zur Haltestelle der S-Bahn hastet. Die wird sicher wieder Verspätung haben – und dann diese ganzen nervigen Leute in der Bahn! Diese Enge, dieser Gestank! Sie denkt an ihren Chef, das furchtbare Meeting, die unvorbereitete Präsentation – danach den stressigen Nachmittag mit gehetztem Einkauf, schließlich den Abendtermin bei der Lehrerin, bei dem sie sich wieder wie eine Versagerin auch in Erziehungsfragen vorkommen wird – und zwischendurch tau-

ALLEIN MIT DEM GEDANKENKARUSSELL

Aktuellen Statistiken zufolge verbringt ein Amerikaner durchschnittlich ein Viertel seines aktiven Lebens – also der Zeit, in der er nicht schläft – im Auto, und das meist allein, genauer: allein mit seinen Gedanken.

chen Gedanken an den Selbstmordanschlag in Tel Aviv auf, an die
Ölpest im Atlantik, die Familienkatastrophe in Berlin ...
Eine Gedankenflut überrollt sie, während alles Glück weit weg zu
sein scheint! Genauso weit wie der Sonnenschein, der sie immer
noch blendet, wie der Frühlingstag, das glückliche Gefühl, das sie
vor knapp einer Stunde noch mit einem Lächeln auf den Lippen
erwachen ließ.

Und wie sieht Ihr Morgen aus?

Das war eine Stunde in Bärbel Finsters Leben. Es könnte aber
auch eine Stunde aus dem Leben des Herrn Giorgio Rossi in
Genua, der Debby Smith in New York, des Herrn Raschaischanka
in Neu-Delhi oder der Rosa Cortez in Madrid sein.
Es könnte auch meine Geschichte sein – vielleicht auch Ihre?
Wichtig ist nicht, wessen Geschichte es ist oder wo sich diese Geschichte von »irgendwem« abspielt. Interessant ist vielmehr, wie
sie abläuft. Denn die eigentliche Frage ist doch: Wie ist es möglich, dass sich ein Mensch, der am Morgen glücklich und zufrieden erwacht, nach einer Stunde in einem vollkommen entgegen-
gesetzten Gemütszustand befindet? Und zwar, ohne dass sich in
seiner Außenwelt irgendetwas wirklich verändert hat? Wie kann
man sich die gute Laune ohne jegliches Einwirken von außen –
ausschließlich durch das eigene Denken – so vermiesen?
Diese Fragen mögen vielleicht banal und oberflächlich klingen,
aber vielleicht sind sie das gar nicht. Wenigstens nicht für Frau
Finster, die zur Zeit in der U-Bahn steht, todunglücklich ist, wieder einmal einem furchtbaren Tag entgegensteuert und sich fragt,
warum sie offensichtlich einfach alles falsch macht. Wie viele
»Bärbel Finsters« gibt es in diesem Moment auf der ganzen Welt?
Sind es nicht jeden Morgen Millionen von Menschen, die sich
zwischen Los Angeles und Bombay, Rio de Janeiro und Köln
durch den Verkehr quälen und eingeschlossen in ihren Autos
oder in Bahnen und Bussen stundenlang dieses Gedanken-Pingpong spielen? Sie sitzen wie Frau Finster da und denken dabei an
etwas ganz anderes. Der Körper lenkt das Auto, läuft zu einer
Haltestelle, steht oder sitzt irgendwo – der Geist aber ist meilen-

ZEITGEMÄSSE FREIZEIT?

Die vielen Stunden des
Denkens, in die wir täglich
immer mehr Zeit, Energie
und Gesundheit investie-
ren, sind für manchen von
uns zu einem Problem ge-
worden, dessen Bedeutung
leider unterschätzt wird.

weit davon entfernt, denn die meist zermürbenden Gedanken irren durch ein geradezu ausweglosen Labyrinth.

Allein mit den eigenen Gedanken! Dies ist ein Zustand, den mittlerweile jeder von uns kennt.

Die moderne Einsamkeit

Ob beabsichtigt oder nicht: Wir sind immer öfter allein mit uns selbst, häufig eingesperrt im Auto, zwischen den eigenen Hauswänden, vor dem Fernseher oder dem Computer.

Allein mit den eigenen Gedanken sind wir häufig auch bei der täglichen Routine unseres Berufes, während wir unkonzentriert immer wieder dieselben Arbeiten erledigen oder während wir vollkommen abwesend den Erzählungen eines Kollegen zuhören. Ob bewusst oder unbewusst, ob mit dem Kopf bei der Sache oder in den Wolken, hat der heutige Mensch ein neues Hobby gefunden, dem er täglich immer mehr Stunden widmet. Dieses Hobby heißt »Denken«.

Und die Menschen investieren mehr und mehr Zeit in diese Beschäftigung! Die Gedanken wandern in alle Richtungen: von der

AUCH GESUNDES DENKEN WILL GELERNT SEIN

Niemand spricht über die Gedankenwelt, mit der wir täglich konfrontiert sind, ohne es oft überhaupt zu bemerken. Immer wieder behaupten wir: »Ich habe keine Zeit«, weil alles so schnell geht und weil uns das kostbare Gut »Zeit« zwischen den Fingern zerrinnt. Aber für unsere Gedanken haben wir immer mehr Zeit, ungewollte Zeit, deren Wert und Bedeutung uns nicht genügend bewusst ist. Bewusst ist uns vielleicht auch nicht, dass wir unsere neue Rolle als »Denker«, in die wir gezwungenermaßen immer tiefer hineinrutschen, erst einstudieren müssen, so wie jede andere Rolle im Leben auch. Es heißt ja: »Jede Kunst muss erlernt werden!« Doch für das Denken, das sicher zu den höchsten Künsten des menschlichen Daseins gezählt werden kann, gilt diese Regel offensichtlich nicht: Im Umgang mit der eigenen Gedankenwelt wird der Mensch von klein auf allein gelassen. Das Denken wird dem Zufall überlassen. Dabei ist es leicht möglich, dass manch einer sich auf diesem Wege verirrt und, anstatt Herr über seine Gedanken zu sein, zu deren Sklave wird.

Vergangenheit in die Zukunft, von alten Erinnerungen zu neuen Wünschen, von der Weltpolitik zum Einkaufszettel, von der Geschichte zur Philosophie, von der täglichen Welt zum Kosmos ... Bunt gemischt zieht alles durch unseren Kopf, während der Körper so nebenbei dahinlebt.

Bärbel Finster sitzt jedoch immer noch in der U-Bahn, die aus irgendeinem Grund nun auch nicht weiterfährt. Frau Finster ist hilflos und verärgert. Mit einem Ohr hört sie das Gespräch zweier Frauen auf den Plätzen neben sich mit, gegenüber telefoniert ein Managertyp mit seinem Handy und macht sich wichtig – und der Gedankenwirbel in ihrem Hirn lässt nicht nach, ihr Kopfcomputer, die Festplatte des Denkens, ist stecken geblieben. Und so wie es Bärbel Finster gerade geht, ergeht es den meisten von uns. Warum? Ist es nicht absurd, dass überall auf der Welt alles so perfekt computergesteuert abläuft, dass alle Computer rund um uns bis ins letzte Detail optimal funktionieren, doch dass wir Menschen, die das alles erfunden und konzipiert haben, immer konfuser dahinleben, dass unser Kopf immer schlechter funktioniert und dass die »Leitungen« unseres Gehirns sich immer mehr erhitzen. Gerade jetzt, wo Computer unser Leben immer effektiver steuern und alles leichter machen sollten, brennen wir selbst aus. Es scheint so, als habe der Mensch des Technologie-Zeitalters sein Gehirn nicht mehr unter Kontrolle – seinen eigenen Computer, der mit einer enormen Speicherkapazität ausgestattet ist, der sein Leben steuern sollte, spielt mit ihm Marionettentheater. Der Ausgang dieses Spiels kann manchmal ganz schön enttäuschend oder sogar katastrophal ausfallen, wie wir das bei Frau Finster gesehen haben.

Hier stellt sich die große Frage: »Könnte das alles nicht anders ablaufen, und könnten wir unsere Festplatte im Gehirn nicht besser unter Kontrolle bekommen?« Lassen Sie uns dazu die Denk-Maschine analysieren, sie auseinanderschrauben, um ihre Funktion und Physiologie zu erforschen. Schließlich werden wir uns mit den Fehlfunktionen auseinandersetzen.

Zum Schluss werden wir versuchen, die richtigen Denk-Kanäle frei zu machen und die falschen zu blockieren. Wenn Sie Lust

DER ABSTURZ DES DENKSYSTEMS

Die moderne Medizin bezeichnet die Symptome der Überforderung unserer Gehirnbahnen als Burnout-Syndrom (siehe auch Kasten Seite 30) – ein buchstäbliches geistiges Ausbrennen.

dazu haben, lieber Leser, machen wir uns jetzt gemeinsam an die Arbeit – und Sie werden sehen, es macht auch Spaß!

Anatomie des Denkens

Wenn ein Mediziner ein menschliches Organ studiert, so geht es zunächst um die grundlegende Frage: Wo befindet sich dieses Organ? In den klassischen Anatomiebüchern gibt es keinen genauen Hinweis darauf, wo das »Organ des Denkens« anzusiedeln wäre. In der Mythologie und in überlieferten Geschichten findet man einiges über die geistigen Fähigkeiten des Menschen und darüber, in welchen anatomischen Bereichen des Körpers diese zu finden wären. Solche Energiezentren waren demnach zwischen Herz und Kopf, Augen und Nieren zu lokalisieren.

Im Volksmund heißt es heute noch: »Denke nicht mit dem Herzen, sondern mit dem Verstand.« Böse Frauen sagen über manche Männer, ihr Denken spiele sich in den unteren Etagen des Körpers ab. Andere wiederum sagen, das Gehirn gewisser Leute befände sich unter deren Füßen oder sie hätten überhaupt kein Hirn. Es wird also sehr viel und sehr unterschiedlich darüber gesprochen, wo oder womit der Mensch denkt.

Wo eigentlich welcher Gedanke entsteht – darüber zerbrechen sich Wissenschaftler auch heute noch den Kopf.

Im Großen und Ganzen ist man sich darüber einig, dass das Wissen, das Gedächtnis, das Sprachzentrum und vielleicht auch die Gefühle im Kopf, oder genauer noch, im Gehirn lokalisiert sind. Man spricht von der rechten Gehirnhälfte, welche für das Künstlerische, das Emotionale zuständig ist, und von der linken Gehirnhälfte, in welcher das Rationale angesiedelt ist. Dennoch ist bis zum heutigen Tag weder endgültig klar, in welchem Teil des Gehirns der Denkvorgang abläuft, noch wie dieser Prozess zustande kommt. Wir begnügen uns mit der Annahme, dass unser Denken irgendwo im Kopf stattfindet, und konzentrieren uns lieber auf die Frage: Wie läuft unser Denken ab?

Denken – wie funktioniert das überhaupt?

Wir gehen von der Annahme aus, dass das »Organ des Denkens« im Gehirn angesiedelt ist und dass dort alle unsere Gedanken formuliert werden. Jetzt gehen wir einen Schritt weiter und beschäftigen uns mit der Frage, wie nun eigentlich dieses Denk-Organ funktioniert und wie der Denk-Prozess abläuft.

Wir betreten hier Neuland, da die traditionelle Medizin diesen Denkvorgang bis heute nicht ganz genau beschreiben kann. Der Mensch hat zwar schon seit jeher versucht, dieser Frage nachzu-

TIPP

Wenn es Ihnen Spaß macht, können Sie dieses Spiel mit beliebigen anderen Bildern wiederholen. Versuchen Sie es doch einmal mit einer Orange, einer Traube oder auch einer Banane. Ihr neu entdecktes Projektionszimmer sieht jetzt fast wie ein Obstladen aus.

gehen, und es wurden zahlreiche Bücher über die verschiedenen Theorien des Denkens geschrieben. Weder Philosophen noch Theologen oder Wissenschaftlern ist es jedoch gelungen, eine für jedermann verständliche, akzeptable und einfache Erklärung über den Ablauf des Denkens zu geben.

Ich möchte Ihnen hier zumindest auf einfache Weise die Dynamik des Denkens erklären, so wie es bei uns allen täglich abläuft. Dazu werde ich jetzt mit Ihnen, lieber Leser, ein Spiel versuchen.

Drei Spiele zu den Grundregeln des Denkens

Spielen Sie mit! Anhand von drei einfachen Übungen lernen Sie die ersten drei Grundregeln des Denkens kennen.

Das erste Spiel

1 Schließen Sie die Augen.
2 Mit geschlossenen Augen stellen Sie sich jetzt einen Apfel vor.
3 Öffnen Sie Ihre Augen wieder.

Was ist passiert? Haben Sie einen Apfel gesehen? Wie war er? Groß oder klein? Gelb oder grün? Ich zum Beispiel habe einen frisch gepflückten roten Apfel gesehen. Sollten Sie gar nichts gesehen haben, so ist das kein Problem. Versuchen Sie es noch einmal. Wenn Sie es mehrmals geübt haben, klappt es bestimmt!

Ein Begriff – völlig verschiedene Bilder dazu. Jeder Mensch hat eine ganz individuelle Vorstellung von der Welt.

Ein Kommentar zu diesem ersten Spiel

Was ist passiert? Sie haben die Augen kurz geschlossen, um die Außenwelt auszublenden.

Sie haben durch das Wort Apfel, das ich Ihnen vorgegeben habe, in Ihrer Gedankenwelt einen Apfel visualisiert. Wie er ausgesehen hat, das ist gleich. Der Apfel war da – ob nun grün, rot, gelb, groß, klein, auf einem Apfelbaum, in einem Korb. Sie haben ihn gesehen.

Sie haben die Augen geöffnet und sind wieder zur Lektüre dieses Buches zurückgekehrt.

Diese kurze und einfache Übung war ein anschauliches Beispiel dafür, wie unser Denken funktioniert. Unser Denken funktioniert in Bildern. Sie haben das Bild eines Apfels gesehen. Vielleicht war Ihr Bild klar und deutlich, vielleicht war es verschwommen und unscharf. Egal wie es war, auf jeden Fall haben Sie ein Bild dadurch konstruiert, dass Sie einen Apfel visualisiert haben. Man könnte auch sagen, Sie haben sich den Begriff »Apfel« in Ihrer Gedankenwelt dadurch vorgestellt, dass Sie ihn auf eine innere Leinwand, eine Gedankenleinwand projiziert haben.

DIE 1. DENKREGEL
Das Denken funktioniert in Bildern.

Die innere Leinwand

Wir Menschen haben also die besondere Fähigkeit, unsere Gedanken auf eine innere Leinwand zu projizieren. Auf dieser inneren, persönlichen Leinwand können wir jedes Konzept, jede Idee, jeden Gegenstand in Form von Bildern visualisieren. Machen wir gleich noch ein Spiel!

Das zweite Spiel

1 Sie schließen die Augen.
2 Stellen Sie sich nun einen Apfel und ein Boot vor.
3 Öffnen Sie wieder die Augen.

Was ist passiert? Haben Sie einen Apfel gesehen? Vielleicht auch ein Boot? Sicher haben Sie beides gesehen, aber nicht beide Bilder parallel, sondern nacheinander: zuerst das eine, dann das andere. Sollten Sie nichts gesehen haben, so nehmen Sie sich etwas mehr Zeit und versuchen das Ganze noch einmal.

Apfel und Boot? Das Gehirn kann das nur nacheinander darstellen. Oder es kombiniert zwei Begriffe zu einem Bild.

Ein Kommentar zum zweiten Spiel

Wenn Sie die beiden Bilder zu den Begriffen Apfel und Boot gesehen haben, dann wird Ihnen vielleicht etwas aufgefallen sein: Ihr Projektor hat zuerst das Bild eines Apfels und dann das eines Bootes projiziert, also ein Bild nach dem anderen. Und dies ist die zweite Eigenschaft unserer Denk-Maschine: Das Denken funktioniert in Bildern, und zwar immer nur mit einem Bild, mit einem Konzept nach dem anderen. Zuerst der Apfel, dann das Boot. Wenn wir also den Apfel und das Boot gleichzeitig auf ein Bild bekommen wollen, dann ist das nur möglich, indem der Apfel zum Beispiel auf der Ruderbank des Bootes liegt oder indem ein winziges Boot auf einem Apfel herumfährt. Unser Denken funktioniert in Bildern, und zwar immer nur mit einem Bild oder mit einem einzigen Konzept nach dem anderen. Unser Gehirn kann also immer nur einen Bildinhalt nach dem anderen erfassen. Wenn ich gleichzeitig an zwei verschiedene Dinge denken will, so ist dies nur durch eine Überlagerung oder Integration der Bilder möglich.

Man könnte unser Gehirn eigentlich mit dem Atelier eines Künstlers vergleichen, der ständig neue Bilder malt, oder mit einem Projektionsraum, in dem eine Reihe von verschiedenen Bildern nacheinander auf die Leinwand projiziert werden. Und jetzt kommen wir zu einem ganz besonderen Spiel!

Das dritte Spiel

DIE 2. DENKREGEL
Unser Gehirn erfasst immer nur ein Bild nach dem anderen.

1 Schließen Sie bitte wieder die Augen.
2 Denken Sie jetzt: »Ich will den Apfel nicht sehen.«
3 Öffnen Sie die Augen wieder.

Was ist passiert? Was haben Sie gesehen? War der Apfel dennoch wieder da? Vielleicht war er anders als in den vorhergehenden Spielen, er war vielleicht etwas kleiner und hatte eine andere Farbe, aber ein Apfel war wieder da, in Ihren Gedanken.

Der Befehl lautete aber, keinen Apfel zu sehen! Sie hätten eigentlich den Apfel nicht visualisieren sollen! Trotzdem hat Ihr Gehirn beim Befehl »Kein Apfel!« einen Apfel auf Ihre innere Leinwand projiziert, ob Sie es wollten oder nicht!

Ein Kommentar zum dritten Spiel

Dieses Spiel war etwas komplizierter. Sie wollten den Apfel nicht sehen, und trotzdem war er da. Warum?

Unser Denken, unsere innere Projektionsmaschine akzeptiert keine negativen Befehle! Wenn Sie den Apfel tatsächlich nicht visualisieren wollen, so müssen Sie an etwas vollkommen anderes denken und sich einen anderen Gegenstand vorstellen, zum Beispiel eine Banane oder eine Traube. Nur so können Sie das Bild des Apfels verdrängen.

Der Grund: Unser Denken reagiert nicht auf negative Befehle! Es erfasst nur den formulierten Begriff und visualisiert diesen durch ein Bild, trotz der Aufforderung, dies nicht zu tun. Die Bedeutung dieser Eigenart des Denkens werden wir im Laufe des Buches noch besser verstehen. Kennen gelernt haben Sie diese Eigenschaft Ihres Denkens sicher schon – und bestimmt in Situationen, in denen sie Ihnen nicht recht war: etwa, wenn Sie endlich aufhören wollten, über eine bestimmte Pleite in Ihrem Leben nachzudenken. Oder tagelang während einer Diät, in der Ihr Denken zuverlässig um die verbotenen Süßigkeiten und ungesunden Leckereien kreise.

Bloß nicht rauchen, bloß nicht rauchen … Warum nur blinzeln mir plötzlich von überall Zigaretten zu?!

Auf einen Blick: die drei ersten Regeln des Denkens

Anhand dieser einfachen Spiele haben wir die ersten drei Grundregeln des Denkens aufgestellt. Da diese so wichtig sind, will ich sie noch einmal zusammenfassen:

Regel 1: Das Denken funktioniert in Bildern.

Regel 2: Das Denken erfolgt in einem Bild nach dem anderen.

Regel 3: Das Denken reagiert nicht auf negative Befehle.

Diese drei Regeln sind die ersten Erkenntnisse auf unserer Reise durch die Kunst des menschlichen Denkens. Sie sind der Grundstein zum Verständnis unseres Denkmechanismus. Es mag einfach und banal klingen, aber wir alle denken nur auf diese Art.

DIE 3. DENKREGEL
Das Denk-Organ kann negative Befehle nicht umsetzen.

Hoffentlich sind Ihnen diese drei praktischen Übungen gelungen. Ich habe Sie aufgefordert, dabei die Augen zu schließen, da mit geschlossenen Augen das Visualisieren leichter fällt. Sie können Ihre Augen aber auch offen halten; im täglichen Leben denken wir alle meist mit offenen Augen.

Skeptiker bitte ich, die letzten Seiten noch einmal durchzulesen und eventuell die drei Spiele zu wiederholen. Es lohnt sich, die Wahrheit dieser Grundregeln in uns selbst zu entdecken, bevor wir die Reise in unsere Gedankenwelt fortsetzen.

Die ansteigende Flut der Gedankenbilder

Wir Menschen denken den ganzen Tag an irgendetwas und visualisieren dabei Bilder auf unserer inneren Leinwand.

Haben Sie sich schon einmal überlegt, wie viele solcher Bilder ein Durchschnittsmensch täglich auf seine Leinwand blendet?

Diese Frage ist schwierig zu beantworten.

DAS WACHSENDE DENK-ORGAN

Anhand von Ausgrabungen und Funden der Körper- und Schädelknochen dieser Steinzeitmenschen konnten Anthropologen den Körperbau des Homo erectus rekonstruieren: Der Schädel war im Vergleich zu jenem des Menschen von heute bedeutend kleiner, und die Gehirnmasse war um ein Drittel geringer.

Die Gedankenbilder des Steinzeitmenschen

Stellen Sie sich einmal unseren Urahnen, den Homo erectus vor, der vor zwei Millionen Jahren lebte. Sein Tag war mit nur wenigen Grundgedanken gefüllt: Schutz vor Hitze oder Kälte, Nahrungssuche, Jagd, Flucht vor Feinden oder wilden Tieren – und natürlich die Fortpflanzung. Sein ganzes Denken kreiste nur um ein Thema: Überleben.

Er war von Sonnenauf- bis Sonnenuntergang auf die Gefahren der Natur konzentriert, die überall auf ihn lauerten, die sein Überleben gefährdeten und sein Ende hätten bedeuten können. Er hatte nicht die Zeit, sich in komplizierte Gedanken zu vertiefen, denn damals begann der Feierabend nicht um 18 Uhr, und von freien Wochenenden und Urlauben konnte der Homo erectus nur träumen. Er lebte in einer Zeit des Handelns und der Taten und nicht des weit verzweigten Denkens. Wie viele Gedankenbilder hat unser Vorfahre in der Steinzeit wohl täglich auf seine innere Leinwand projiziert? Vielleicht waren es 10 oder 20 Bilder, welche sich im Laufe des Tages ständig wiederholten, Bilder der Angst vor wilden Tieren, der Jagd, der Nahrungssuche und der schützenden Unterkunft. Das Hirn des Steinzeitmenschen musste mit nur wenigen Gedanken fertig werden. Ein starker Körper zählte viel mehr als ein aufnahmefähiges Gehirn. Mit dem Denken allein hätte er in jener Zeit nicht überlebt.

Komplexer und verzweigter: Denken im Mittelalter

Gehen wir in der Entwicklungsgeschichte weiter und machen einen Sprung von vielen Jahrtausenden, so gelangen wir zum Menschen des Mittelalters. Dieser nutzte längst die Kraft des Feuers und des Wassers. Er betrieb Ackerbau und lebte in einem Haus. Er plante seine Arbeit im Voraus. Den Großteil seines Tages verbrachte er auf dem Acker. Es waren harte Zeiten, in denen der Leibeigene einen Teil seiner kleinen Einkünfte aus den Ernten dem Fürsten oder seinem Lehnsherrn als regelmäßige Abgabe entrichten musste. Auf seine Gesundheit war der Mensch damals besonders bedacht, denn es gab schlimme Krankheiten, die laut Aberglaube als Strafe Gottes galten, und wurde er von diesen befallen, so hatte er oft nur geringe Überlebenschancen.

Er musste sich vor Räuberbanden in Acht nehmen, von denen grausame Überfälle drohten. Auch die Söldner der Fürsten waren unberechenbar. Überall lauerten Gefahren, die die Existenz eines einfachen Menschen bedrohten. Das Leben des Menschen hatte nur einen geringen Wert, und das Dasein war vom ständigen Kampf ums Überleben gekennzeichnet. Gedanken der Angst, Sorgen vor der Zukunft, Furcht vor Krankheiten belasteten das Gemüt. Es waren noch nicht allzu viele Gedanken, denn dazu hatte der Mensch keine Zeit. Als Leibeigener musste er hauptsächlich schuften und leiden, für den Fürsten, den Lehnsherrn und für Gott.

Wie viele Gedankenbilder werden dem Menschen des Mittelalters an einem Tag durchschnittlich durch den Kopf gegangen sein? Sicher waren es deutlich mehr als bei seinem Vorgänger vor zwei Millionen Jahren. Vielleicht waren es 100 oder sogar 200 Bilder.

Auf dem Weg ins Heute – denken statt handeln

Die Entwicklungsgeschichte des Menschen bringt uns schließlich in die Neuzeit, eine Epoche, in welcher plötzlich alles anders zu

FREIHEIT DES DENKENS
Die Entwicklung des Menschen spielte sich zu einem großen Teil in seinem Denken ab: Immer mehr begann er sich im Laufe seiner Geschichte mit seinem »Ich« auseinanderzusetzen und fand das Vertrauen zu sich selbst. Er wuchs über seine Ängste und über seinen Aberglauben hinaus.

werden scheint. Nach dem düsteren Mittelalter ließ der Mensch seinem Wissensdrang und seiner Sehnsucht nach der Ferne freien Lauf. Das Zeitalter der Renaissance und der Aufklärung begann. Es gelang dem Menschen, die schweren Ketten des Aberglaubens abzuwerfen und sich von der bestrafenden Religion zu befreien.

Der Mensch wollte wachsen und begab sich auf die Suche nach etwas Neuem, Besserem und Höherem. Er entdeckte die Weite der Welt und die Unendlichkeit des Wissens. Er fuhr über Meere und erkannte, dass die Welt keine Scheibe, sondern eine Kugel war. Die Sonne wurde zum Zentrum des Universums erhoben. Neue Entdeckungen und Erfindungen prägten den Alltag dieser Zeit. Der Mensch begann sein Leben zu vereinfachen, und sein täglicher Überlebenskampf gegen Natur und Umwelt ließ nach.

Er erfand Maschinen wie die Dampfmaschine und den Webstuhl, er begann elektrischen Strom zu produzieren, er entwickelte das Radio und das Telefon. Sein Leben veränderte sich sprungartig, und er wurde von den großen körperlichen Anstrengungen befreit. Die Maschine ersetzte die Muskelkraft, die harte Arbeit wurde durch Zahnräder und Hebel erleichtert. Für den Menschen begann eine neue Zeit, in der die Maschine die menschliche Arbeitskraft ersetzte. Der Mensch konnte endlich aufatmen und sich entspannen. Diese neue Zeit brachte nicht nur eine Wende innerhalb der Arbeitswelt. Auch die Palette der menschlichen Gedanken veränderte sich grundlegend. Durch die verminderte körperliche Anstrengung brauchte er nicht mehr zu schwitzen und unter den schweren Lasten zu stöhnen. Er hatte plötzlich Zeit für seine Gedanken. Die Maschine hatte das Leben des Menschen verändert: befreit vom Schwitzen, verurteilt zum Denken!

Das war die Wende! Der Mensch der Neuzeit entwickelte sich zum Denker. Während er stundenlang vor einer Maschine die immer gleichen Bewegungen und monotonen Arbeitsabläufe wiederholte, während er entspannt in einem von der Dampfmaschine an-

Unser Vorfahre konnte und musste seine Gedanken sehr genau fokussieren, um zu überleben. Heute wird die Aufmerksamkeit auf viele Dinge gleichzeitig gelenkt.

getriebenen Zugwaggon sitzen konnte, anstatt die vor den Wagen gespannten Pferde anzutreiben oder zu Fuß auf engen Pfaden zur nächsten Ortschaft zu laufen, hatte er auf einmal Zeit, seinen Gedanken nachzugehen. Sein Visualisierungsvermögen verbesserte sich drastisch, und seine täglichen Gedankenbilder vermehrten sich mit zunehmender Geschwindigkeit. Wie viele es effektiv waren, ist schwer zu schätzen, vermutlich doppelt oder dreimal so viele wie beim Menschen des Mittelalters.

Die innere Filmproduktion des heutigen Menschen

Im Laufe der Evolution hat sich das Denkvermögen des Menschen enorm entwickelt. Von der Steinzeit bis zur Industrialisierung ist die Zahl der Bilder, die der Mensch täglich visualisiert, ständig gestiegen. Wie sieht es eigentlich heute bei uns, dem Menschen des dritten Jahrtausends, im Kopf so aus?

Versuchen wir doch selbst uns eine Antwort zu geben: Schließen Sie am besten gleich die Augen, und analysieren Sie für eine Minute das Geschehen in Ihrem Kopf! Wie viele Bilder haben Sie gesehen? Schwer zu sagen! Die Psychologie geht von durchschnittlich zehn Gedankenbildern pro Minute aus. Dies bedeutet, dass der moderne Mensch alle sechs Sekunden ein neues Bild registriert und es auf seine innere Leinwand projiziert. Wenn wir diese Zahl hochrechnen, so sehen wir pro Stunde 600, pro Tag 9000 Bilder. Bedenken Sie nun einmal, über welch fantastische Maschinerie Sie in Ihrem Kopf verfügen! 9000 Bilder pro Tag! Das ist die durchschnittliche Leistung Ihres eigenen Denkapparates. Ist dies nicht ein Wunder? Mit so einem Computer im Kopf gehen wir durch das Leben. 9000 Bilder pro Tag entsprechen 63.000 pro Woche, 252.000 pro Monat und über 3.000.000 Bildern pro Jahr. Ich glaube, wir brauchen hier nicht weiterzurechnen!

Wir arbeiten kontinuierlich an der Produktion dieser gigantischen Anzahl von Bildern, ohne uns dessen bewusst zu sein. Nun kommen wir zur nächsten Frage: Was geschieht eigentlich mit all diesen Bildern? Wir gehen von der Annahme aus, dass das »Organ des Denkens« im Gehirn angesiedelt ist und dass dort alle unsere Gedanken formuliert werden.

BILDER ZÄHLEN ...

Ich selbst habe in meinem Denken ungefähr alle acht Sekunden ein anderes Bild gezählt. Manchmal konzentriere ich mich etwas länger auf ein Bild und versuche es festzuhalten. Es bleibt dann sogar 10 oder 20 Sekunden lang stehen. Andere Male aber, wenn mein Leben auf der Überholspur dahinrauscht, laufen die Bilder viel schneller ab.

Krank gedacht? Wie Denk-Bilder uns lenken

Im Gehirn geht nichts verloren! Schon 300 vor Christus stellte der griechische Philosoph Aristoteles die »Theorie der Ideen« auf, in der er behauptete, dass das einmal Gedachte für immer bleibt.

»Na und«, denken Sie jetzt vielleicht (Bärbel Finster zumindest denkt es!), »was geht mich das an, was die Philosophen sagen? Und wenn ich nun 9000 gestresste Gedanken pro Tag als Bilder visualisiere? Ich bin doch dauernd unter Strom und erinnere mich kaum mehr, was ich vor einer Stunde im Kopf hatte, und bis zum Abend kommt noch vieles hinzu. Meist weiß ich dann gar nicht mehr, was am Vormittag geschehen ist und was sich in meinem Kopf so alles abgespielt hat. All den blöden Gedanken nachzugehen, dazu habe ich ja gar keine Zeit!« Doch auf die Frage, was mit den 9000 täglichen Bildern passiert, die sie so achtlos und hektisch auf ihre graue Leinwand geworfen hat, weiß Bärbel Finster natürlich keine Antwort. Es interessiert sie auch nicht! Was passiert nun tatsächlich mit diesen Bildern, mit unserer Kunstmalerei oder mit unserer Kritzelei? Um diese Frage zu beantworten, müssen wir zurück in die Geschichte des späten 18. und 19. Jahrhunderts, in das Zeitalter der Industrialisierung. Wir haben uns bereits damit befasst, dass durch die Erfindung verschiedener Maschinen der Alltag des Menschen einfacher wurde (siehe Seite 23 ff.). Der Mensch begann etwas bequemer zu leben. Obwohl die körperliche Belastung geringer wurde, erhöhte sich aber die psychische Last. Der Mensch hatte mehr Zeit zum Denken, und dadurch kamen neue Probleme auf ihn zu. Er litt auf einmal an neuen Krankheiten wie Neurosen, Depressionen, Psychosen, also an Krankheiten der Psyche.

Diese neuen Verhaltensmuster und Krankheitsbilder bewegten nun Anthropologen, Wissenschaftler, Ärzte und Philosophen dazu, sich mit einem noch unbekannten Bereich der menschlichen Psyche auseinanderzusetzen. Es war die Geburtsstunde der modernen Psychologie und Psychiatrie. Diese neue Wissenschaft beschäftigt sich mit Gedanken, Erlebtem, Erinnerungen und Verdrängtem.

Das Unterbewusstsein: Nichts geht verloren

Die erste große Erkenntnis der modernen Psychologie lautet also: Nichts von dem, was bewusst erlebt wird, geht verloren! Und das ist auch schon die Antwort auf die Frage, was mit unseren 9000 täglichen Bildern passiert. Sie gehen nicht verloren, sie sind das Produkt unseres Denkens, eine Erinnerung, ein Album unseres täglichen Lebens, so wie wir es empfinden und verarbeiten. Daraus ergibt sich die nächste Frage: Wenn diese 9000 täglichen Bilder nicht verloren gehen, wo werden sie dann gespeichert?

**DAS UNTER-
BEWUSSTSEIN**
Der österreichische Arzt Sigmund Freud kam in seinen Studien über die Psyche zum Schluss, dass der Mensch über ein fantastisches Speicherungssystem mit einer enormen Kapazität verfüge, das alles festhält, was der Mensch bewusst erlebt und empfindet.

DIE 4. DENKREGEL
Alle Erfahrungen, Gedanken, kurz: alle Bilder, die ein Mensch wahrnimmt, werden im Unterbewusstsein gespeichert.

Wo die Denk-Bilder gespeichert werden

Die Erkenntnisse von Sigmund Freud waren für die moderne Psychiatrie bahnbrechend. Er unterteilte bildlich das menschliche Gehirn in zwei Bereiche. Den einen Teil, der nur 20 Prozent des gesamten Volumens ausmacht, nannte er das Bewusstsein, die Zentrale, in der gedacht, analysiert, gefiltert wird. Mit dem Bewusstsein gestalten wir unsere Bilder. Die anderen 80 Prozent unseres Gehirns, diesen unbekannten Teil, bezeichnete er als das Unterbewusstsein. Wenn wir nun unser Gehirn mit einem Computer vergleichen, so entspricht der bewusste Teil des Gehirns einer Kommando-Zentrale. Der unterbewusste Teil entspricht einer zentralen Festplatte, auf der alle eingegebenen Informationen verarbeitet und gespeichert werden.

Alles gemerkt – von Anfang an

Freud ging davon aus, dass das ungeborene Kind im Mutterleib bereits allererste Erlebnisse während der Schwangerschaft speichert. Ab dem Zeitpunkt der Geburt tritt dieser Speicherungsmechanismus dann so richtig in Kraft: Das Neugeborene sammelt Eindrücke und nimmt Emotionen wahr, es empfindet Wärme, Hunger und Durst. Wer weiß, wie viele Bilder sich ein Neugeborenes einprägt, vielleicht sind es täglich nur drei oder vier Eindrücke? Kinderpsychologen sprechen von einem sehr umfangreichen Wahrnehmungsvermögen beim Kleinkind. Wenn es auch nicht unendlich viele Gedanken sind, so sind es sicher intensive, gefühlvolle und prägende Bilder, besonders aufgrund der Tatsache, dass bei Kindern der Topf des Unterbewusstseins noch fast leer und aufnahmefähig ist.

Bis zum Erwachsenenalter füllt sich der Topf wie eine geordnete Datenbank. In dieser spiegelt sich unser ganzes Leben wider, unsere Gedanken- und Gefühlswelt, unser Leiden und unser Glücklichsein, alles in Form von Bildern.

Alles in Ordnung: die Ablage der gedachten Bilder

Die Bilder, die wir als Letzte visualisiert haben, liegen an der Oberfläche des Topfes, jene der Vergangenheit liegen etwas tiefer.

DAS HEIMLICHE STEUERRAD

Sigmund Freud war von der Bedeutung des Unterbewussten so überzeugt, dass er meinte: Der Mensch ist sein Unterbewusstsein! Das ganze Befinden, die Laune, ja, die Kreativität eines Menschen, seine psychische und physische Verfassung werden vom Unterbewussten geprägt.

Je mehr Zeit vergeht, je mehr neue Gedanken formuliert und Erlebnisse gelebt werden, desto tiefer sinken die alten Bilder in die darunter liegenden Schichten ab. Dort bleiben sie gespeichert und können weder abgeändert noch eliminiert werden. In unserem Unterbewusstsein verewigt, können wir sie nicht mehr verändern. Was aber möglich ist: Durch Erinnern können wir Bilder wieder hervorholen, die bereits abgelegt wurden. Dadurch werden diese erneut visualisiert und verstärken sich in unserem Unterbewusstsein. Gewisse Erlebnisse oder Bilder können wir durch häufiges Revisualisieren niemals mehr vergessen – welche Möglichkeiten sich durch bewusstes Erinnern eröffnen, lesen Sie noch ab Seite 64. Der Großteil der visualisierten und im Topf des Unterbewusstseins abgelegten Bilder hingegen verschwindet für immer aus unserem – bewussten – Gedächtnis. Wie tief und eigenartig ist nun dieser enorme Speichertopf, den wir Unterbewusstsein nennen?

Die gemerkten Bilder werden der Reihe nach abgelegt: Je weiter weg eine Erinnerung ist, umso tiefer müssen wir im Gedächtnis danach kramen.

Unterbewusstsein: Fluch und Segen des Menschen

Wer von uns glaubt von sich behaupten zu können, dass er sein Unterbewusstsein kennt? »Ich sicher nicht – und ich will es auch nicht kennenlernen. Es interessiert mich überhaupt nicht!«, denkt Frau Finster. »Auch wenn dort sämtliche Erinnerungen meines Lebens von Geburt an gespeichert sind, ist es für mich unwichtig. Was soll's, es ist doch alles unterbewusst, also kann ich damit nichts anfangen.« Könnte sie Recht haben?

Sigmund Freud zumindest würde das nicht bestätigen: Er ging davon aus, dass der Mensch im Grunde nach seinem Unterbewusstsein lebt, das seine täglichen Aktivitäten beeinflusst und steuert. Dass Freud hiermit Recht hatte, wird heute niemand mehr in Frage stellen. Der Mensch ist abhängig von seinen Gefühlen, seiner Stimmung – von etwas, was nicht fassbar ist. Wer von uns kennt nicht die Momente des Lebens, in denen unsere innere Welt zu explodieren droht, die Tage, in denen wir uns nicht in der Hand haben und am liebsten für immer verschwinden würden, weil uns alles »auf die Nerven geht«. Dieser Gemütszustand überkommt uns einfach ohne das Zutun unseres Willens.

DIE 5. UND DIE 6. DENKREGEL

Alle Denk-Bilder bleiben im Unterbewusstsein gespeichert – der Mensch kann sie nachträglich nicht mehr verändern oder gar löschen. Und: Die Bilder, die wir als Letzte visualisiert haben, sind am klarsten. Je älter sie werden, umso mehr verblassen sie und werden vielleicht gar aus dem Bewusstsein verdrängt, aber wie gesagt: niemals wirklich gelöscht.

DIE 7. DENKREGEL
Alte Erinnerungen können
Sie verstärken – indem Sie
sie wieder hervorholen.

Auf der Suche nach Hilfe

Wenn das Unterbewusstsein dem Menschen jede Regie über sein Leben aus der Hand zu nehmen scheint, unternimmt der Mensch alles Mögliche, um wieder Herr über sich selbst zu werden. Er versucht es beim Arzt, beim Psychiater und beim Therapeuten. Er pilgert zu modernen Medizinmännern: Heilpraktikern, Pranotherapeuten oder gar Wahrsagern. Meist bekommt er irgendein Hilfsmittel und einen Trost. Im schlimmsten Fall gibt es Beruhigungspillen, deren Funktion es ist, eine dicke Mauer zwischen Bewusstsein und Unterbewusstsein zu errichten. Diese Mauer lässt die Signale aus dem Unbewussten – dem Inneren eines Menschen – nur in abgeschwächter Form an die Oberfläche dringen. So gelingt es für eine Weile, aufzuatmen und der Gedankenwelt zu entrinnen.

Einige Menschen versuchen durch den Konsum von Drogen und Alkohol dasselbe zu erreichen. Wir sind also unserem Unterbewusstsein mehr unterworfen, als wir es glauben. Und Bärbel Finster können wir zu Recht antworten, dass, auch wenn sie mit ihrem Unterbewusstsein nichts anzufangen weiß, ihr Unterbewusstsein sehr wohl etwas mit ihr anfangen kann! Es kann sie

BURNOUT – WIE ES ZUM AUSBRENNEN KOMMT

Obwohl die meisten Menschen früher nicht weniger arbeiteten als wir heute, entwickeln sich inzwischen immer mehr Krankheitsbilder, die offensichtlich mit einer starken Überlastung zusammenhängen. Wie kommt das? Psychologen, die sich mit dieser Frage befassen, wissen: Wie viel ein Mensch arbeitet, sagt nicht unbedingt etwas darüber aus, ob er ausbrennen wird oder nicht. Wichtiger ist, ob es Ihnen gelingt, die Balance zwischen Anspannung und Entspannung in Ihrem Leben zu halten.

Ist das nicht mehr möglich, weil Sie Ihre Bedürfnisse aus den Augen verloren haben, ständig unter Anspannung stehen – sei es durch den Beruf oder andere Verpflichtungen – sind Sie in Gefahr, mit der Zeit an die Grenzen Ihrer Leistungsfähigkeit zu kommen. Die Betroffenen selbst merken oft zuletzt etwas davon. Ein wichtiges Warnsignal ist es, wenn Ihre grundsätzliche Einstellung in allen Lebenslagen lautet: »Klar geht's mir gerade nicht so gut, aber irgendwie pack' ich das schon noch.«

nämlich genau zu dem machen, was sie zurzeit ist: eine frustrierte, überforderte Frau, die sich mit belastenden Gedanken durch den Tag quält. Aber warum werden wir alle manchmal von bedrückenden, unangenehmen Gedanken gequält?

Wenn Gedanken krank machen

Auf der bisherigen Entdeckungsreise durch unsere Psyche haben wir erkannt, dass es in unserem Inneren etwas gibt, das eine große Macht auf unser Leben ausübt und unsere Lebensqualität entscheidend beeinflusst. Dieses »Etwas«, auch Unterbewusstsein genannt, ist nichts anderes als ein Topf, der täglich mit unseren Gedankenbildern angefüllt wird. Die Summe dieser vielen tausend Bilder, die wir seit unserer Existenz im Mutterleib gespeichert haben, bestimmt den Zustand und die Verfassung unseres Unterbewusstseins.

Sie sind Ihr eigener Koch!

Und wie ein Koch seine Suppe durch das ständige Hinzufügen von Zutaten und Gewürzen entweder verfeinern oder verderben kann, so können auch Sie – indem Sie dauernd Eindrücke und Bilder hinzugeben – Ihr Gemüt und Unterbewusstsein entweder gut oder schlecht beeinflussen.

Manchen »Köchen« ist ihre Suppe sehr gut gelungen. Man könnte fast sagen, es handelt sich hier um Gourmet-Köche. Bei anderen hingegen ist sie gerade noch genießbar, aber gut werden sie von ihr nicht leben können. Ganz schlecht ergeht es denen, die mit schlechten Zutaten ihre Suppe vollkommen verdorben und ungenießbar gemacht haben.

Genauso steht es mit der Psyche, dem Unterbewusstsein: Bereichern Sie es mit freudigen und positiven Bildern, so ist es gesund und wirkt aufbauend. Belasten Sie es mit traurigen und negativen Eindrücken, so ist es krank und wirkt zerstörerisch.

Wie können Sie nun erkennen, ob Ihr Unterbewusstsein überhaupt noch gesund ist oder ob es vielleicht zum Teil bereits erkrankt ist? Welche Symptome, welche Auswirkungen auf Ihr tägliches Leben sind ein Alarmsignal?

HABEN SIE SICH DIE SUPPE VERSALZEN?

Selbst dann müssen Sie die Hoffnung nicht fahren lassen – es gibt Möglichkeiten, auch aus einer versalzenen Suppe wieder etwas Genießbares zu zaubern (siehe Seite 96 ff.)!

Sie können Ihre Suppe verfeinern, indem Sie sorgfältig die Zutaten auswählen, die Sie jetzt und in Zukunft hineingeben.

Das Unterbewusstsein und der Körper

Wie stark das Unterbewusstsein Ihre Psyche und Ihr Gemüt beeinflussen kann, das haben Sie bereits gelesen. In der Regel handelt es sich dabei um »Warnsignale«, die Ihr Unterbewusstsein an Sie schickt. Es geht Ihnen nicht gut – und Sie sollten sich fragen: warum? Leider reagieren die meisten Menschen auf diese Signale ihrer Seele nicht mehr. Und so wendet sich das Unterbewusstsein nicht nur an die Psyche, um den Menschen wachzurütteln und ihm zu sagen, dass die Suppe anbrennt. Es wendet sich schließlich auch direkt an den Körper.

Signale aus dem Verborgenen

Zahlreiche wissenschaftliche Studien belegen, dass Körper und Psyche eng miteinander verbunden sind und sich gegenseitig beeinflussen. Wer kennt nicht das plötzliche Herzklopfen, wenn wir vor etwas Angst haben, oder den Schweißausbruch mit feuchten Händen, wenn wir aufgrund einer besonderen Situation aufgeregt und nervös sind. Wer kennt nicht das eigenartige Brummen im Bauch oder das fluchtartige Aufsuchen einer Toilette vor einer wichtigen Besprechung, das plötzliche Kopfweh nach einer Auseinandersetzung mit dem Partner, die schlaflosen Nächte wegen eines Problems am Arbeitsplatz, das Lampenfieber vor einem Bühnenauftritt, das Reisefieber vor einem langen Flug?

Dies sind nur einige der häufigsten und harmloseren Symptome, welche diese Verbindung zwischen Körper und Seele widerspiegeln. Und ehrlich: Wer von uns hat die Kontrolle über sein Herz, das plötzlich wie verrückt in der Brust klopft, wer kann seine zitternden Hände beruhigen, oder wer kann das Erröten seines Gesichtes unterdrücken, wenn ein be-

---

Sofortreaktionen des Körpers

Folgende von der Psyche verursachten körperlichen Erscheinungen sind sofort sichtbar oder spürbar:

> Erröten
> Zittern
> Stottern
> Kalter Schweiß bricht aus
> Schnellere Atmung
> Plötzliche Heiserkeit
> Druckgefühl oder Gefühl der Enge am Hals
> Trockener Mund
> Herzrasen
> Blutdruckschwankungen
> Schwindelgefühle
> Durchblutungsstörungen der Hände (kalte Hände)
> Magenkrämpfe
> Plötzlicher Stuhl- oder Harndrang

stimmtes Gefühl auf einmal über ihn herfällt? Unser Körper überrascht uns des Öfteren mit diesen Symptomen. Sie sind zwar nur von kurzer Dauer, können aber dennoch unangenehm und peinlich sein, vor allem, weil wir in dem Augenblick nichts dagegen unternehmen können. Einige der häufigsten finden Sie im Kasten auf der linken Seite aufgelistet.

Der Mensch als ganzheitliches Wesen

»Mens sana in corpore sano«, dies bedeutet »Ein gesunder Geist sei in einem gesunden Körper«. Diese uralte Weisheit ist uns allen bekannt. Es ist genauso richtig, diesen Spruch einmal umzudrehen: »Corpus sanum mente sana«, also: »Ein gesunder Körper braucht einen gesunden Geist«. Gesundes Denken ist ausschlaggebend für einen gesunden Körper. Heute, in einer Zeit der überwiegenden Kopflastigkeit, ist dies wichtiger denn je. Düstere Gemützustände sind für jeden Menschen unangenehm, auch wenn sie nur von kurzer Dauer sind. Sie werden aber belastend, wenn sie längere Zeit anhalten, und sie wirken schließlich sogar zerstörerisch, wenn sie zum Dauerzustand werden. Unser Körper wird bei anhaltender psychischer Belastung in Mitleidenschaft gezogen. Ein dauerhaft krankes Unterbewusstsein überschattet das körperliche Wohlbefinden. Im Kasten auf dieser Seite finden Sie die Symptome aufgelistet, die auftreten können, wenn Ihr Unterbewusstsein für längere Zeit gestört oder belastet ist. Diese physischen Veränderungen werden in der Medizin als »psychosomatische Erscheinungen« bezeichnet. Und diese Somatisierung – also die Verkörperung des seelischen Leidens – kann langfristig zu ernsten organischen Schäden führen, die den Körper für immer zeichnen.

DIE 8. DENKREGEL
Der gesamte Speicher voller Bilder verdichtet sich im Unterbewusstsein zu einem grundlegenden »Lebensgefühl«.

Langfristige körperliche Veränderungen

Von der Psyche verursachte körperliche Erscheinungen bei dauerhafter Belastung:

> Schlaflosigkeit
> Schwächezustand
> Appetitlosigkeit
> Essstörungen (Fresssucht, Bulimie, Magersucht)
> Erhöhter Blutdruck
> Herzrhythmusstörungen
> Hörsturz oder Ohrgeräusche (Tinnitus)
> Migräne
> Nackenverspannung
> Verspannungen der Rückenmuskulatur
> Magengeschwür (Gastritis)
> Reizdarm und andere Darmbeschwerden
> Allergien
> Asthma
> Ekzeme, verschiedene Hauterkrankungen
> Haarausfall, vorzeitig ergraute Haare
> Menstruationsstörungen
> Impotenz beziehungsweise Frigidität

PSYCHOSOMATIK UND KRANKHEIT

Die nervlich bedingten Krankheitsbilder werden als psychosomatische Störungen bezeichnet. Die Medizin spricht im Anfangsstadium von Spannungszustand, Störfeld, nervösem Herz, Magen und Darm, da trotz zahlreicher Symptome noch keine organischen Schäden zu finden sind. Das heißt, der Mensch fühlt sich krank, auch wenn der Körper keine sichtbaren Zeichen einer Krankheit aufweisen kann. Wenn diese Spannungen aber zu einem anhaltenden Zustand und zu einem ständigen Begleiter unserer Tage werden, dann treten die ersten Gewebsschäden und die »wahren« Krankheiten auf: Magengeschwür, Darmbeschwerden, Herzschmerzen, Tinnitus (Ohrgeräusche) und andere. Es beginnt also mit einem Leiden der Psyche, das sich mit der Zeit zu einer anatomisch erkennbaren Krankheit weiterentwickelt. »Löcher« entstehen sozusagen zuerst in der Seele und dann im Gewebe.

Warum und wie der Körper für die Psyche spricht

Ärzten ist es bis heute unbekannt, warum Menschen in ähnlichen Situationen mit ganz unterschiedlichen körperlichen Symptomen reagieren. Die Antwort, die ich meinen Patienten auf diese Frage gebe, ist die, dass jeder Mensch ein »Ventil« und einen Schwachpunkt in seinem Körper hat, an welchem das Unterbewusstsein nagt und über welchen es sich bei ihm meldet. Häufig empfinden Menschen eine innere Unruhe, ein seelisches Leiden, das sie einfach unterdrücken. Männern gelingt das besonders gut, in letzter Zeit auch Frauen, die immer mehr die Rolle des starken Mannes erfüllen wollen – oder sie oft auch einfach übernehmen müssen. In der heutigen Welt darf man nur sehr selten eine Schwäche psychischer oder physischer Natur zeigen. »Mir geht es gut, ich bin effizient, immer fröhlich und kann auf Kommando lächeln«, versucht man sich selbst einzureden. Nach außen zeigen diese »starken« Leute nichts von ihrem brodelnden Topf – man darf es ja nicht! Männer weinen nicht, Frauen bald auch nicht mehr!

Nur den Kindern sagt man manchmal noch: »Weine nur, dann bekommst du schöne Augen«, ohne sich einzugestehen, dass man selbst immer noch ein Kind sein möchte und dass auch beim Erwachsenen die Tränen, die nach außen fließen, die Augen zum

Leuchten bringen, während die Tränen, die nach innen fließen, Löcher in den Magen graben. So fließen in der Hektik des modernen Lebens immer weniger Tränen, welche die Augen schließlich auch wieder zum Leuchten bringen. Dafür landen immer mehr Menschen beim Arzt.

Unsichtbares Leiden

Da gibt es Patienten, denen im ersten Moment nichts Besonderes zu fehlen scheint, und eigentlich wollten sie nur ein paar Pillen verschrieben bekommen, um gleich wieder aus der Praxis zu verschwinden. Sie selbst bezeichnen sich als gar nicht krank. Dennoch erwähnen sie so ganz nebenbei ihre Magen-Darm-Probleme, sie sagen, dass das Herz manchmal sticht, dass sie in der Nacht aufwachen und Herzrhythmusstörungen verspüren, dass der Blutdruck schwankt, dass sie schwindlig und schwach sind, dass das Ohr öfter mal so komisch rauscht, dass die Haut Ausschläge bekommt, dass der Kopf schmerzt und dass sie gar keinen Sexualtrieb mehr verspüren.

Wir Ärzte staunen oft sehr darüber, wie sich die Krankheitsbilder in den letzten Jahren verändert haben und wie häufig psychische Ursachen die wahren Auslöser von Krankheitszuständen sind. Immer mehr zeigen sich auch im Körper die Wunden der Seele. Die Ärzte untersuchen, machen die verschiedensten Kontrollen, vom Blutbild bis zum Ultraschall, vom Röntgenbild bis zur Magen-Darm-Spiegelung, vom Langzeit-Elektrokardiogramm bis zu den verschiedenen kardiologischen Belastungsproben. Die Befunde sind glücklicherweise meist negativ. Den Patienten wird mitgeteilt, sie seien gesund, ihr Leiden sei stressbedingt und käme wahrscheinlich von den Nerven.

Alles dreht sich also immer wieder um unsere 9000 täglichen Bilder und um die Suppe, die wir uns selbst gehetzt und lieblos eingebrockt haben (siehe ab Seite 31) – und damit zuerst die Seele und schließlich auch den Körper so tief und stark verletzen können.

»Na wunderbar: Jetzt auch noch krank werden: Das fehlt mir bei all meinem Stress und Ärger gerade noch!«, empört sich an dieser Stelle unsere Frau Finster.

KRANK GEDACHT
Es gibt Studien darüber, dass psychosomatische Leiden die Ursache von Herzinfarkten und anderen schweren Erkrankungen sind. Andauernde seelische Belastungen werden in wissenschaftlichen Studien sogar als mögliche Auslöser von Krebsleiden beschrieben.

DIE 9. DENKREGEL
Das Unterbewusstsein leitet den Menschen – und es ist stärker als seine bewussten Entscheidungen. Wenn Sie Veränderung wollen, fangen Sie beim Unterbewusstsein an!

Die 9 Regeln der gesunden Denk-Art

Hier noch einmal auf einen Blick: die Regeln des Denkens, die Sie in diesem Kapitel kennengelernt haben. Wie Sie diese nutzen können, um aus dem Denk-Tief zu kommen, erfahren Sie in den nächsten Kapiteln.

1. Regel: Denken funktioniert in Bildern.
Alles, was wir denken, wahrnehmen, uns vorstellen, wird als Bild in unserem inneren Speicher abgelegt.
→ Seite 19

2. Regel: Der Mensch kann immer nur ein Bild nach dem anderen wahrnehmen.
Unser Gehirn ist zwar sehr schnell, aber parallel nebeneinander kann es nicht zwei Bilder erzeugen – das heißt: immer nur eines nach dem anderen.
→ Seite 20

3. Regel: Das Denken kann nicht auf negative Befehle reagieren.
Formulieren Sie das, was Ihr Denken beeinflussen soll, deshalb immer positiv und klar.
→ Seite 21

4. Regel: Der Mensch speichert alle erlebten und empfundenen Bilder.
Alle aufgenommenen Bilder werden in einem inneren Speicher »abgelegt« – von der Geburt an bis zum Tod. Durchschnittlich sind es 9000 Bilder pro Tag, also viele Millionen im Laufe eines Lebens.
→ Seite 27

5. Regel: Alle Bilder werden im Unterbewusstsein gespeichert – und können nicht mehr verändert werden!

DER WEG IN ZWEI RICHTUNGEN

Sind wir unserem Unterbewusstsein derart ausgeliefert, dass wir nur zuschauen können? Ich erlaube mir eine Gegenfrage zu stellen: Wenn das Gehirn uns psychisch und physisch so stark und tief gehend verändern und verletzen kann, hat es dann vielleicht auch umgekehrt die Fähigkeit, den eigenen Heilungsprozess in Gang zu setzen?

Diese Bilder können wir nachträglich nicht mehr beeinflussen, das heißt: wir können nicht mehr ungeschehen machen, dass es sie gibt. Was gedacht worden ist, bleibt gespeichert. Was passiert ist, ist passiert!
→ Seite 29

6. Regel: Jedes neue Bild überlagert das vorhergehende.
Je mehr neue Bilder folgen, umso tiefer versinken die älteren im Speicher des Unterbewusstseins. Und je tiefer die alten Bilder sinken, umso schwieriger wird es, sie wieder abzurufen: sich an sie zu erinnern.
→ Seite 28 f.

7. Regel: Erinnern speichert die vorhandenen Bilder neu ab.
Wenn wir uns an etwas erinnern, holen wir die entsprechenden alten Bilder wieder aus dem Speicher hervor – und speichern sie dabei nochmals neu. Auf diese Art werden bestimmte Bilder verstärkt.
→ Seite 30

8. Regel: Die Summe der gespeicherten Bilder bestimmt unser Unterbewusstsein, unseren inneren Zustand.
Auch wenn wir mit der Zeit vieles vergessen, bleibt im Unterbewusstsein alles gespeichert.
→ Seite 33

9. Regel: Das Unterbewusstsein ist stärker als das Bewusstsein.
Nicht das Bewusstsein, sondern das Unterbewusstsein – mit seinen vielen, vielen gespeicherten Bildern, die uns gar nicht mehr bewusst sind – steuert unsere Psyche und unseren Körper.
→ Seite 35

EINLADUNG ZUM UMDENKEN

Jetzt kommen wir endlich zum erfreulichen und konstruktiven Teil dieses Buches. Wenn Sie bis jetzt durchgehalten und diesen Prozess mit mir nachvollzogen haben, so bitte ich Sie jetzt, einen neuen Weg mit mir zu beschreiten. Diesen Weg muss jeder gehen, der endlich Herr über seinen Gedankentopf im Kopf werden will!

DIE GESUNDE DENK-ART

Können Menschen grundsätzlich fröhlich und gesund sein? Oder ist es normal, dass das Unterbewusstsein wie ein übervoller Mülleimer aussieht?

Neue Denkwege

Es ist keine leere Phrase: Unser Denken bestimmt sehr nachhaltig unser Befinden – mehr als wir glauben. Und das Denk-Organ ähnelt einem Computer, der mit einer enormen Speicherkapazität ausgestattet ist. Und wenn wir den nicht steuern, spielt er mit uns, macht uns zur Marionette. Dieses Spiel kann manchmal ganz schön enttäuschend oder sogar katastrophal ausgehen, wie wir das bei Frau Finster gesehen haben. Hier stellt sich die Frage: »Könnte das alles nicht anders ablaufen, und könnten wir unsere

Festplatte im Gehirn nicht besser unter Kontrolle bekommen?«
Sie haben den ersten Teil dieser Entdeckungsreise durch Ihre Gedankenwelt jetzt hinter sich. Vielleicht konnten Sie Ihrer Denk-
weise dabei ein bisschen näher kommen. In diesem Kapitel erfahren Sie nun mehr über die Kunst, Ihr Denken zu steuern – eine
gesunde »Denk-Art« zu trainieren. Diese basiert auf den neun
Grundregeln des menschlichen Denkens, die Sie im ersten Kapitel kennengelernt haben (siehe Übersicht auf Seite 36 und 37).

Malen Sie Ihre nächsten 8999 Bilder

Sie wissen nun schon: Die Gedanken, die Sie formulieren, entscheiden über Ihr Wohlbefinden. Das heißt, dass Sie selbst dafür
verantwortlich sind, wenn Ihr Denken in die falsche Richtung
läuft und es Ihnen dabei schlecht geht. Es heißt vor allem aber
auch, dass Sie selbst Ihr Denken und Ihr Empfinden positiv beeinflussen können!

Bärbel Finster (siehe Seite 10 ff.) kennt sich damit gut aus. Ihre
negative und unkontrollierte Art zu denken ist das beste Beispiel,
um zu zeigen, wie schnell man sich sein Leben vermiesen kann.

Willkommen in der Denkschule!

Herzlich willkommen in der Denkschule! Sehen Sie die beiden
Schülerinnen Bärbel Finster und Isabell Fröhlich? Sie beginnen
den ersten Schultag mit einem kleinen Versuch, der Ihnen sicher
schon bekannt ist. In meiner Hand halte ich ein zur Hälfte mit
Wasser gefülltes Glas. Jetzt bitte ich Sie, dieses Glas gut anzuschauen. Wie würden Sie es beschreiben?

Zuerst frage ich nun Bärbel Finster. Sie bezeichnet das Glas als
halb leer. »Stimmt«, sage ich und richte dieselbe Frage an Frau
Fröhlich. Für sie ist das Glas halb voll. »Gut, Sie haben das beide
richtig beobachtet!« Tatsächlich sind beide Aussagen richtig und
beide haben Recht. Worin beruht nun der Unterschied dieser beiden Sichtweisen? Bärbel Finster sieht im nur halb gefüllten Glas
das Problem: Sie sieht das, was fehlt, die Leere, das Negative. Isabell Fröhlich dagegen sieht das, was vorhanden ist: das Volle, das
Positive. Und sie erfreut sich daran.

DIE MACHT DER PERSPEKTIVE

Das ständige Visualisieren
eines halb leeren Wasser-
glases bringt mit der Zeit
diese Leere auch in das
ganze Leben. Versuchen
Sie deshalb, Ihr Glas und
gleichzeitig Ihr Leben zu
füllen – es ist gar nicht so
schwierig.

So kommen Sie einfach auf den richtigen Weg

»Na und – schon wieder dieses alte und dumme Spiel«, meckert Frau Finster, ohne zu verstehen, dass in diesem kleinen Beispiel die Lösung all ihrer Probleme liegt. In dieser Möglichkeit, ein und dasselbe Ereignis oder dieselbe Erfahrung gegensätzlich zu beurteilen, liegt die Lösung: der Weg zum Wohlbefinden.

Bärbel Finster, die enttäuscht das Wasser des halb leeren Glases in sich hineinkippt, legt wieder ein betrübtes und negatives Bild in ihrem Unterbewusstsein ab. Im nächsten Gedankenbild sieht sie vielleicht, wie sie bereits elendig verdurstet.

Isabell Fröhlich dagegen genießt ihr halb volles Glas und ist im Moment so glücklich, dass sie an nichts anderes denkt als an den Genuss des Trinkens. Sie legt ein positives Bild in ihrem Unterbewusstsein ab. In der doppelten Möglichkeit, ein Bild negativ oder positiv zu beurteilen, liegt die große Chance des Menschen, sein Unterbewusstsein und seinen Gedankentopf zu beeinflussen.

Finster oder fröhlich – wie sehen Sie Ihr Leben?

Vielleicht fragen Sie sich nun, was Sie dazu beitragen können, damit Ihre Gedanken in die Richtung laufen, die Sie sich wünschen? Damit Ihr Gehirn Sie nachts gut schlafen und am Morgen fröhlich und gesund aufwachen lässt? Damit Sie glücklich sind und es Ihnen gut geht? Sie können etwas tun, um nicht in die gleichen Gedankenschleifen zu geraten wie Frau Finster! Auf den nächsten Seiten finden Sie eine Geschichte. Begleiten Sie Isabell Fröhlich in ihren Tag!

Willkommen in Isabell Fröhlichs Leben

Diese Geschichte spielt sich im Nachbarhaus von Frau Finster ab. Dort lebt Isabell Fröhlich. Frau Fröhlich, 44 Jahre alt, ist Mutter einer 13-jährigen Tochter und glücklich verheiratet. Sie arbeitet schon seit Jahren als Sekretärin in einem kleinen Unternehmen. Zur Zeit ist sie häufig mit ihrer Tochter beschäftigt, die – wie alle Jugendlichen von Zeit zu Zeit – gerade alles andere als die Schule interessant findet. Und in der Arbeit? Ihre 30 Wochenstunden sind immer gut gefüllt – und Isabell Fröhlich ist beliebt wegen ihrer stets guten Laune und ihrer ausgeglichenen Art. Und hier beginnt ein Tag in Isabell Fröhlichs Leben.

Guten Morgen, Frau Fröhlich!

Isabell Fröhlich wird von einem Sonnenstrahl geweckt. Sie ist gut gelaunt, hat wunderbar geschlafen und freut sich auf den Tag – vor allem auf den Abend, sie wird heute endlich wieder zum Schwimmen gehen, und danach trifft sie sich mit mit zwei Freundinnen, die sie nun seit Wochen nicht mehr gesehen hat ...

Sagen Sie Ja zum neuen Tag: Gehen Sie mit optimistischen Gedanken in den Morgen!

Während sie sich genüsslich räkelt, fällt ihr Blick auf ihren noch schlafenden Mann – sie kuschelt sich kurz an ihn, bevor sie aufsteht ... Wie schön sich das anfühlt auch nach all den Jahren noch! Ihr Mann Gregor lächelt im Halbschlaf, während er ihre Umarmung erwidert. Leider muss sie jetzt doch aus dem Bett! Zum Glück ist morgen Feiertag und damit Gelegenheit, gemeinsam auszuschlafen und ein entspanntes Frühstück zu genießen, bevor Gregors Eltern zu Besuch kommen. Isabell Fröhlich steht auf. Da fällt ihr plötzlich ein, dass sie heute Abend ja gar nicht zum Sport gehen kann. Die Lehrerin ihrer Tochter Sarah hatte gestern Abend noch angerufen: Sarahs Leistungen in der Schule hatten sich weiter dramatisch verschlechtert, die Lehrerin bat um ein Gespräch, der Wechsel vom Gymnasium auf die Realschule war wohl tatsächlich nicht mehr zu umgehen. Frau Fröhlich hatte schon seit einem Jahr das Gefühl, dass sich Sarah im Moment in der Schule nicht richtig wohl fühlt. Zum Glück beginnt mit dem morgigen Feiertag ein verlängertes Wochenende – da wird es Gelegenheit geben, mit Sarah wieder einmal in aller Ruhe etwas zu unternehmen und dabei mit ihr ins Gespräch zu kommen. Gut, dass das Gespräch mit der Lehrerin vorher stattfindet, so kann sich Isabell Fröhlich ein besseres Bild von der ganzen Situation machen! Während sie darüber nachdenkt, fällt ihr Blick auf die Mappe auf ihrem Nachttisch. Ach ja: die Unterlagen für das wichtige Meeting heute. Sie hatte es gestern abend gar nicht mehr geschafft, sie wie geplant noch einmal durchzusehen. Das würde sie nachher im Büro gleich als Erstes tun! Sicher würde ihr die neue Praktikantin gern helfen, alles andere für dieses Meeting vorzubereiten.

Alle anderen Tätigkeiten würde sie nach der Besprechung und dem Meeting erledigen können. Wenn die Zeit für all das dann doch zu knapp werden sollte, würden sich einige Arbeiten auf den Anfang der nächsten Woche verschieben lassen oder umverteilt werden müssen. Isabell weiß, dass sie eine Lösung finden würde und zwei ihrer Kolleginnen ihr im Notfall gern aushelfen werden. Sie muss deshalb jetzt nicht darüber nachdenken. Isabell Fröhlich wirft einen zärtlichen Blick auf ihren Mann Gregor, der immer noch friedlich dem zweiten Weckerklingeln entgegenschlummert: Sicher freut er sich auch schon auf den morgigen Tag und das Wochenende mit Sarah und ihr!

Isabell geht ins Bad. Im Spiegel sieht sie ihr Gesicht. »Man sieht mir an, wie gut es mir geht! Kein Wunder!« Sie steigt in die Dusche und genießt das warme Wasser, das ihr über den Körper läuft. Was für ein wunderbarer Tag! Das Wetter ist auch fantastisch. Nun abgetrocknet und in die Küche: Während Frau Fröhlich ihren Lieblingssender mit klassischer Musik hört, bereitet sie ein kleines Frühstück für alle drei vor, den Kaffee kocht Gregor. Isabell Fröhlich weckt ihre Tochter, bevor sie sich die Haare föhnt und zwischendurch noch einige Male nach Sarah ruft. Sie muss schmunzeln: Was für ein Murmeltier! Vor einigen Jahren noch konnte der Tag für Sarah gar nicht früh genug losgehen! Sie krabbelte immer schon um 6 Uhr zu ihren Eltern ins Bett. Und nun wird sie schon bald eine junge Frau sein! Isabell Fröhlich erinnert sich noch genau, wie furchtbar diese Zeit manchmal sein kann: kein Kind mehr, aber auch noch nicht erwachsen – und die Welt steht dauernd Kopf!

Sarah ahnt nichts von den liebevollen Gedanken ihrer Mutter, als sie schließlich in die Küche schlurft, wo ihre Eltern schon am Frühstückstisch sitzen. »Guten Morgen!« – die beiden sind um diese Zeit auch heute schon wieder deutlich besser gelaunt als sie. Aber sie weiß, dass sie mit den beiden auch mächtig Glück hat: Klar nerven sie, wie alle Eltern ihrer Freundinnen auch. Aber sie sind schon ganz in Ordnung. Ihre Mutter ist überhaupt nicht ausgeflippt, auch nicht wegen des Gesprächs mit der Lehrerin heute Abend. Sie scheint es nicht so schlimm zu finden, dass

DIE PERSPEKTIVE WECHSELN

Oft hilft es, sich für einige Augenblicke in den anderen Menschen hineinzuversetzen: Ihr Gegenüber spürt, wenn Sie ihn annehmen und akzeptieren – und wird diese positiven Gefühle direkt spiegeln.

Sarah zur Zeit ein bisschen durchhängt. Insgeheim nimmt sie sich vor, doch noch ein bisschen mehr zu tun in Zukunft: Ihre besten Freundinnen sind schließlich auch in ihrer jetzigen Klasse, es wäre ziemlich blöd, wenn sie die Schule wechseln müsste! Nach dem Frühstück und einem Abschiedskuss für Gregor und einer Umarmung für Sarah – die sich heute dankbar in die Umarmung kuschelte, ab und an ist sie also doch noch ihr kleines Mädchen – läuft Isabell Fröhlich beschwingt zur S-Bahn. Die Sonne, die sie vor einer Stunde geweckt hat, scheint immer noch ebenso hell und strahlend. Und in Isabell ist wieder dieses glückliche Gefühl, mit dem sie vor einer Stunde erwacht ist.

Und wie denken Sie sich Ihre Welt?

Was für eine Geschichte! Sie schildert eine Stunde im Leben der Frau Fröhlich. Sie erinnern sich: Es ist derselbe Tag, der gleiche sonnige Frühlingsmorgen wie bei Frau Finster (siehe Seite 10 f.). Es sind aber zwei verschiedene Arten, den Tag zu beginnen, den gleichen Tag. Was tut Frau Fröhlich, um so zu sein, wie sie ist? Gar nichts! Sie versucht nur, ihren Tag mit positiven Bildern zu beginnen und zu füllen – und das gelingt ihr auch! Nun ist es an Ihnen: Sehen Sie die Welt durch die Augen einer Bärbel Finster oder mit dem frohen, offenen Blick einer Isabell Fröhlich? Beide erleben praktisch den gleichen Tag – aber am Ende dieses Tages wird jede von den beiden 9000 Bilder abgespeichert haben. Und die Erinnerung an diesen Tag wird sehr unterschiedlich sein! Manches mag Ihnen an der Geschichte überspitzt erscheinen, und sicher: Kein Mensch ist immer gut gelaunt. Aber vergessen Sie niemals: Sie haben immer die Wahl, auf welche Art Sie Ihr Leben leben. Und welche Bilder in Ihnen bleiben.

Die Freiheit zu denken ...

Sie kennen bereits die neun Regeln des Denkens (siehe Seite 36 f.); der fünften sollten Sie besondere Aufmerksamkeit schenken. Diese Regel betont nämlich, dass die Bilder, die Sie einmal visualisiert haben, gespeichert werden – und dass Sie diese Bilder nachträglich nicht mehr auslöschen können. Das heißt, sie sind

HEUTE DIE ZUKUNFT GESTALTEN

Sie haben es selbst mit in der Hand: In welche Richtung wird Ihr Alltag von diesem Speicher, den Sie seit Lebensbeginn mit Bildern gefüllt haben, beeinflusst? Und welche Bilder fügen Sie tagtäglich hinzu?

FÜLLE ODER MANGEL?

Das schon etwas abgedroschene Beispiel des halb vollen oder halb leeren Wasserglases mag zwar trivial klingen, aber es enthält zwei große Wahrheiten:

1. Der Mensch ist jederzeit frei, über alles nachzudenken.

2. Der Mensch ist jederzeit frei, über alles auf positive oder negative Art nachzudenken. Diese beiden Sätze mögen sehr ähnlich klingen, der inhaltliche Unterschied zwischen ihnen ist jedoch enorm!

Teil Ihrer Vergangenheit, und Sie können sie nicht mehr verändern. Was passiert ist, ist passiert!

Sie erinnern sich an das Beispiel des Kochs, der traurig in seinem Kochtopf herumrührt (siehe Seite 31)? Er hat seine Suppe durch schlechte Zutaten, die er nicht mehr herausholen kann, verdorben. Er kann es nicht mehr ungeschehen machen – was drin ist, ist drin. Er kann nun höchstens geduldig versuchen, durch das Hinzufügen von weiteren und besseren Zutaten die Suppe nach und nach wieder schmackhaft zu machen. Aber wie kann das beim Denken funktionieren?

Hoch oder Tief – ein Selbsttest

Wie oft sagen wir, eine Person sei launisch: der Chef unerträglich, die Arbeitskollegin mal schlecht gelaunt und dann wieder gut drauf … oder wir fragen uns, was dem Göttergatten denn nun schon wieder über die Leber gelaufen sei: Aber all diese Gemütsschwankungen spiegeln einfach nur den Zustand des Unterbewusstseins wider.

Ihre psychische Verfassung wird in jedem Augenblick von Ihrem Unterbewusstsein geprägt: Entweder gibt es Ihnen Freude und Sonnenschein, oder es belastet Sie und Ihre Gedanken.

Was Sie dabei erleben, ist vielfältig und abwechslungsreich. Manchmal ist es für jeden von uns schwer, sich selbst zu verstehen. Darum habe ich ein sogenanntes Psychobarometer entwickelt, auf dem Sie jederzeit Ihren wahren Gemütszustand ablesen. Sie können sich damit selbst analysieren und eine Eigendiagnose stellen. Wie fühlen Sie sich also jetzt, in diesem Moment? Wie ging es Ihnen während des heutigen Tages? Und gestern?

Erkennen Sie, wo Sie stehen

Wenn Sie sich im oberen Teil der Skala einordnen können, so dürfen Sie sich ein Kompliment aussprechen. Sie haben bis jetzt gut gekocht und haben Ihr Gemüt in der Hand. Sie sind ein ausgeglichener und zufriedener Mensch, der sich trotz der kleineren oder größeren Unannehmlichkeiten immer noch auf der Sonnenseite des Lebens befindet.

Vielleicht finden Sie sich relativ weit unten auf diesem Psychobarometer wieder? Sie sind ständig müde, schlafen aber trotzdem schlecht, und Ihre Gedanken kommen nie zur Ruhe? Sie sind oft traurig? Sie sehen vieles grau und fühlen sich wie ein echtes Nervenbündel? Sie malen also schwarz – Sie kochen schlecht, und es scheint, als ob die stark im Topf brodelnde Suppe Ihnen wütend entgegenschwappen würde. Dann heißt es: Aufgepasst!

Das Psychobarometer	
+5	euphorisch
+4	begeistert
+3	fröhlich
+2	zufrieden
+1	gut gelaunt
-1	schlecht gelaunt
-2	unzufrieden
-3	traurig
-4	depressiv
-5	völlig zerstört

Geben Sie sich Zeit

Auch wenn wir uns ganz bewusst nur Fröhlichkeit und Freude wünschen, tritt doch manchmal genau das Gegenteil ein. Wir sind hilflos diesem unglücklichen Zustand ausgeliefert. Warum? Wir wollen es ja nicht!

Ganz einfach: Manchmal braucht es ein bisschen Geduld. Wir können unsere Welt nicht von einer Sekunde auf die andere wenden. Wäre der Mensch zu jeder Zeit in der Lage, über seinen Gemütszustand zu entscheiden und diesen zu dirigieren, so bestünde die Welt nur aus fröhlichen und lachenden Menschen. Leider ist dem aber nicht so! Unser Unterbewusstsein will es anders. Es ist der Herr im Hause, beschert uns täglich diese schwankenden Gemütszustände und lässt unser Psychobarometer auf und ab schwanken.

Wie Sie Ihrem Archiv neue Bilder hinzufügen

Wie der Koch mit der versalzenen Suppe (siehe Seite 31) müssen wir uns mit unserem Unterbewusstsein beschäftigen: Die alten Bilder, die wir gedacht haben, bleiben so, wie sie gespeichert wurden. Wir können sie nicht mehr beeinflussen. Darum konzentrieren wir uns von diesem Augenblick an auf die Bilder der Zukunft, auf jene 8999 Bilder, die uns ab dem Moment des ersten Bildes am Morgen an diesem Tag noch bevorstehen: Sie warten noch darauf, »gemalt« zu werden! Und damit nicht nur ein schwarzgraues Gekritzel, sondern wirklich wunderbare Malereien entstehen, müssen wir diese Kunst in einem Unterricht ganz besonderer Art erlernen.

Einmal gedachte Bilder können nicht mehr verändert oder gar ausgelöscht werden (siehe Seite 29, Denkregel 5). Wir haben aber die große Chance, durch die Art des Denkens von jetzt an die neuen Bilder so zu gestalten, dass sie uns gut tun. Es ist nicht abzustreiten, dass jeder Gedanke, den wir formulieren – ich sage ganz bewusst jeder Gedanke – im Rahmen der Polarität positiv oder negativ gesehen werden kann. Das Wasserglas ist halb voll und halb leer zugleich. Die Realität ist immer ein und dieselbe. Sie verändert sich nicht. Das bedeutet: Wirklich nur wir allein entscheiden am Ende, wie wir die Dinge interpretieren wollen, gut oder schlecht, positiv oder negativ!

GU-ERFOLGSTIPP

Führen Sie Buch: Gerade wenn Sie sich entschließen, Ihr Denken umzukrempeln, ist es nützlich, wenn Sie dabei bewusst verfolgen, wie Sie denken, ohne es normalerweise überhaupt zu bemerken. Reflektieren Sie drei Wochen lang einmal täglich, was Ihr persönliches Stimmungsbarometer im Laufe der letzten 24 Stunden angezeigt hat und warum. Schreiben Sie es sich ruhig auch auf! Sie werden wahrscheinlich erstaunt sein, was dieses bewusste Erleben und Reflektieren allein schon ausmacht – und was Sie nach drei Wochen feststellen werden (siehe auch Seite 105 ff.).

Dieses Beispiel lehrt uns, dass wir ab jetzt auf das Wie und das Was unserer Gedanken achten müssen! Jedes Bild, jeder Gedanke, jede Visualisierung von heute hat einen enormen Wert und einen unglaublichen Einfluss auf mein Leben von morgen. Wie meine Laune, mein Gemütszustand, meine körperliche Verfassung in den nächsten Tagen, Wochen und Monaten sein wird, hängt ganz eng mit den Gedanken zusammen, die ich heute, jetzt, in diesem Augenblick formuliere.

Das Denken wird also zu einer Überlebens-Kunst erhoben, zu einer wertvollen Malerei, bei der jeder Pinselstrich ausschlaggebend ist. Wer oberflächlich und unkonzentriert oder, schlimmer noch, gleichgültig und mit negativer Einstellung dahinmalt, wird es früher oder später am eigenen Leib schmerzhaft zu fühlen bekommen.

Das Wasserglas des täglichen Lebens

Hier stellt sich die Frage: Warum sollte es nicht uns allen gelingen, den Tag mit positiven Gedanken zu füllen? Versuchen wir, von Frau Fröhlich zu lernen. Wenn wir noch einmal zu unserem Beispiel des Wasserglases zurückgehen, so ist es eigentlich ganz einfach, das Glas jetzt plötzlich als halb voll zu bezeichnen. In der Realität unseres täglichen Lebens allerdings ist es manchmal gar nicht so einfach, die Dinge von der anderen, der positiven Seite zu sehen. Wie können wir das erlernen?

In unserem Alltag sind wir ständig mit Ereignissen konfrontiert, die von unserem Denken eine Stellungnahme verlangen. Wir sind ständig Richter unserer Lebenssituation. Unser kritischer Sinn kommt uns dabei zugute, und je nach Laune, Charakter oder Angewohnheit beurteilen wir das, was wir erleben, auf verschiedene, manchmal sogar gegensätzliche Art und Weise. Dabei sind wir alle ein bisschen Frau Finster mit dem halb leeren oder Frau Fröhlich mit dem halb vollen Glas. Ich habe in dem anschließenden Test verschiedene Lebenssituationen und die jeweilige Einstellung von Frau Finster und Frau Fröhlich dazu beschrieben.

Anhand des Tests auf der nächsten Seite können Sie selbst einmal überprüfen, wie oft Sie sich in Ihrem Alltag auf der Schatten- oder der Sonnenseite befinden.

**MENSCHLICH:
AUF UND AB**

Auch der optimistischste Mensch kennt graue Tage. Wie schon Goethe beschrieb: Himmelhoch jauchzend – zu Tode betrübt. Wichtig ist, dass Sie sich immer wieder auch selbst aus dem Sumpf der schlechten Stimmung herausziehen können.

Finster oder fröhlich – wie sieht Ihr Leben aus?

In der Übersicht auf der rechten Seite finden Sie jeweils eine Situation beschrieben – und zwei Möglichkeiten, wie Sie diese empfinden könnten. Bitte kreuzen Sie spontan die Antwort an, die Ihrem Gefühl in der beschriebenen Situation oder Ihren Gedanken zu einem bestimmten Sachverhalt in Ihrem Leben am nächsten kommt.

Das Thema:	Erleben Sie es so ...	... oder so?
Guten Morgen!	☐ Oh je, ich möchte noch weiterschlafen!	☐ Super, ein neuer Tag beginnt!
Im Bad vor dem Spiegel	☐ Wie sehe ich bloß wieder aus!	☐ Ich hab ein schönes Lächeln!
Regenwetter	☐ Sauwetter!	☐ Endlich regnet es, das macht die Luft so schön frisch und sauber.
Auf dem Weg zur Arbeit	☐ Alles voller graugesichtiger Menschen: Ich kann diese ganzen Deppen nicht mehr sehen!	☐ Wunderschön: An den Bäumen am Straßenrand sieht man schon die ersten Blüten.
Die Stadt	☐ Diese Stadt ist ein wirklicher Dreckhaufen!	☐ Schön, wie die Stadt langsam erwacht!
Die Arbeit	☐ Gleich hänge ich wieder in dieser Scheißarbeit und stresse mich ab, um es jedem recht zu machen!	☐ Es ist ein Glück, einen Arbeitsplatz und eine Aufgabe zu haben!
Das Essen	☐ Ich bekomme schon Magenkrämpfe, wenn ich nur dran denke!	☐ Schön, das Essen während der Woche mittags immer gekocht zu bekommen!
Die Situation in der Welt	☐ Wie schrecklich die Welt ist! Wenn es so weitergeht, haben wir bald den dritten Weltkrieg!	☐ Eigentlich ging es uns hier noch nie so gut wie heute!

Das Thema:	Erleben Sie es so ...	... oder so?
Arbeitschancen für die Zukunft	☐ Oh je, es ist furchtbar, wir werden alle bald arbeitslos sein!	☐ Am Arbeitsmarkt wird es viele neue Herausforderungen geben!
Der Partner	☐ Er/sie tut gar nichts für unsere Beziehung oder für mich!	☐ Was wir schon alles zusammen erlebt haben!
Die Kinder	☐ Immer nur Stress und Ärger!	☐ Es ist ein wahres Glück, Kinder zu haben!
Der morgige Tag	☐ Morgen ist Abrechnungstag, oh je!	☐ Ich freue mich schon auf den Sport mit meinen Freundinnen am Abend!
Mein Körper	☐ Wird immer älter und schlaffer! Kein Wunder, dass mein Mann sich gar nicht mehr richtig für mich interessiert!	☐ Ich bin immer noch recht fit und gefalle mir richtig gut!
Im Falle einer Krankheit	☐ Hilfe, ein Arzt muss her!	☐ Übermorgen bin ich wieder gesund!
Mein Leben	☐ Alles falsch gemacht!	☐ Jeder Tag ist ein Geschenk Gottes!

Auswertung

Und in welchen Aussagen haben Sie sich am ehesten wiedergefunden, als Frau Fröhlich (rechte Spalte), oder als Frau Finster (mittlere Spalte)? Wenn Sie sich vorwiegend auf der »fröhlichen« Seite gefunden haben, so können Sie mit sich selbst zufrieden sein. Wenn Sie sich allerdings mit Frau Finster identifizieren, so lassen Sie bitte nicht gleich den Kopf hängen. Sie sind kein unverbesserlicher Pessimist, sondern ein ganz normaler Mensch. Wie viele andere auch, spielen Sie mit Ihren Gedanken und lassen negative Bilder so in sich eindringen, als wäre dies eine Selbstverständlichkeit. Passen Sie aber auf, denn jetzt wissen Sie, dass diese Gedanken Gift für Ihr Wohlbefinden sind! Von nun an soll dies anders werden!

Wo Denkfallen lauern

Bedingt durch meinen Beruf unterhalte ich mich täglich mit vielen Menschen. Die Leute erzählen mir von ihrem Leben, von ihren Eindrücken und von ihrem Leid. Dabei fällt mir immer mehr auf, wie bitter und negativ die Lebenseinstellung vieler Menschen ist, wie wir alle immer mehr die Rolle eines Kritikers einnehmen, der alles in Frage stellt, anzweifelt, der den Wurm und das Negative in den Dingen sucht. Ist es vielleicht schick oder gilt jemand als besonders intellektuell, wenn er mit Kritiken, negativen Kommentaren, Zweifeln, pessimistischen Visionen und Prognosen um sich wirft? Der Trend scheint in diese Richtung zu gehen. Wieso? Was macht uns Menschen oft und immer häufiger zu Pessimisten?

Warum Menschen gern schwarzsehen

Samstagabend bei mir zu Hause. Hier sitze ich mit meiner Frau und meiner 5-jährigen Tochter. Der Topf mit den warmen Knödeln steht in der Mitte des Tisches. Meine Frau füllt jedem seinen Teller, und ich erzähle ein bisschen von meinem Tag, von meinem herrlichen Bergausflug, den ich unternommen hatte.

Wir beginnen mit dem Essen und ich berichte, wie ich bei Sonnenaufgang mit der Seilbahn den Berg hinaufgefahren bin und wie ich mit meinen Bergkollegen die ersten Sonnenstrahlen bereits auf 2000 Metern Höhe genossen habe.

Meine Tochter schmatzt genüsslich an ihrem Knödel. Ich fahre mit meiner Erzählung fort und beschreibe den herrlichen Aufstieg zum Gletscher, unsere Begegnung mit Gämsen, die Wasserfälle und den großen Adler, der über uns kreiste.

Meine Tochter isst weiter und greift nach einem Stück Brot. Ich erzähle von den Eiszapfen, den Schneebrettern, vom Berggipfel und von der unglaublichen Aussicht auf die umliegenden Berge und Täler, von den beiden anderen Bergsteigern aus München, denen wir am Gipfel begegnet sind. Meine Tochter ist anscheinend mit dem Abendessen recht zufrieden und fragt nach einem weiteren Knödel.

Vom Zauber der negativen Sensation

Ich erzähle weiter, vom Abstieg, vom bezaubernden Bergsee, in welchem wir gebadet haben, und von einem Zwischenfall mit einer Bergsteigerin, die ausgerutscht war und sich eine kleine Schnittwunde am Knie zugezogen hatte. Da unterbricht mich plötzlich meine Tochter. »Wer ist gefallen, Papi? Wo hat sie geblutet? Hat sie geweint? Hast du sie dann operieren müssen?« Ich sehe meine Frau an und merke, dass auch sie überrascht ist. Anfänglich dachte ich, meine Tochter würde gar nicht zuhören und

DAS GROSSE JAMMERN

Peter Hahne beschreibt in seinem Buch »Schluss mit lustig« das moderne Klagen und Beklagen auf besonders treffende Art: »Wir sind Weltmeister im Wehklagen, im Nörgeln und Nölen, im Stöhnen und Seufzen ... und das auf höchstem Niveau.«

ihre ganze Aufmerksamkeit ausschließlich ihrem endlosen Appetit widmen. Aber ich habe mich getäuscht! Sie hat zugehört.

Nun frage ich mich, warum meine Tochter nur auf diesen kleinen negativen Zwischenfall reagiert hat, wo doch der größte Teil meiner Erzählung so interessant und erfreulich war. Die Schnittwunde, das Blut, das Weinen und das Operieren, das hat sie plötzlich interessiert. Warum? Wie kommt es, dass schon ein 5-jähriges Kind auf eine negative Nachricht reagiert – und die ganze Reihe von positiven Meldungen vollkommen überhört? Sollten nicht gerade Kinder, deren Hirn noch so gut wie unberührt ist, nur das Schöne und das Positive sehen?

Die Wurzel des Pessimismus

Ich habe mich oft gefragt, ob vielleicht gerade das Negative eine besondere Anziehungskraft auf die Psyche des Menschen hat oder ob der Mensch von Natur aus negativ eingestellt ist.

Welchen inneren Film sehen Sie, wenn Sie eine interessante Geschichte hören: einen von Abenteuer und Freude – oder erst einmal einen Horrorfilm aller möglichen Katastrophen?

Auf der Suche nach einer Antwort habe ich für längere Zeit die Verhaltensmuster meiner Mitmenschen, Patienten, Freunde und Familienangehörigen beobachtet und bin zur Erkenntnis gelangt, dass wir Menschen uns durch die Veränderung unserer Lebensbedingungen zwar sehr stark verändert haben, dass aber gewisse Ureigenschaften und Instinkte immer noch in uns vorhanden sind und unser Verhalten prägen. Einer unserer wichtigsten Urinstinkte ist die Angst.

Hilfe zum Überleben: die Urangst

Wie ging es denn unserem Vorfahren, dem Homo erectus (siehe auch Seite 22 ff.), vor zwei Millionen Jahren mit der Angst? Der arme Mensch hatte es nicht leicht. Seine ganze Aufmerksamkeit galt dem Hunger, der Kälte, der Hitze, dem Schutz vor wilden Tieren. Er musste in dieser feindlichen Welt überleben, und es gelang ihm auch! Er konzentrierte sich auf die Gefahren, die auf ihn lauerten, und auf jedes kleine Signal aus der Außenwelt, das ihn bedrohte. Ein Rauschen der Blätter, eine Bewegung hinter dem Busch, ein Laut von weit her, alles konnte sein Leben gefährden. Der Homo erectus musste sehr gut aufpassen. Er war sich der Gefahren bewusst, die ihn umgaben. Er hatte Angst: Angst vor der gefährlichen Außenwelt, Angst vor allem, was rund um ihn geschah. Diese Angst, die sein tägliches Leben prägte, war eigentlich seine wichtigste Überlebenshilfe.

Die Angst beeinflusste seinen Instinkt: Sie trieb ihn zur Vorsicht, zur Wachsamkeit, zur Verbesserung seiner Schutzvorrichtungen, zur genaueren Vorsorge, zur gründlicheren Vorbereitung jeder Expedition. Ähnliche Verhaltensweisen der Wachsamkeit können wir auch heute noch bei wilden Tieren in freier Natur beobachten. Diese Angst, die ich als Urangst bezeichne, war ein wichtiger Teil des menschlichen Wesens. Sie war seine Überlebenshilfe.

Was bedroht uns heute?

Im Laufe der Jahrtausende entwickelte sich der Mensch zum Homo sapiens. Durch seine Intelligenz oder »sapientia« erlernte er neue Überlebenstechniken, erfand Werkzeuge und Waffen, um

UNIVERSELLE GEFÜHLE

Bei Gefahr, im Schmerz und im Leid reagieren alle Menschen auf ähnliche Weise. Ob Mann oder Frau, jung oder alt, reich oder arm, weiß oder schwarz, wir alle bangen um unser Leben, heute ebenso wie vor zwei Millionen Jahren.

die Angst, mit der er leben musste, zu überwinden. Er trug Kleidung, lebte in einer Höhle, Hütte, schließlich einem Haus. Er konnte sich mit einfachen Waffen verteidigen und seine Beute am Feuer zubereiten. Die ständige Angst, sich in Gefahr zu befinden und jeden Augenblick sein Leben verlieren zu können, flaute allmählich ab. Er konnte sich etwas entspannen und fand dadurch auch die Zeit, sich mit dem auseinanderzusetzen, was rund um ihn geschah. Er begann sich Fragen über die Kräfte der Natur und über den Ursprung des Seins zu stellen. Götter und Glaube nahmen eine entscheidende Rolle in seinem Leben ein. Es waren die Götter, die über das Schicksal walteten, die über Gut und Böse entschieden, die belohnten und bestraften und die dem Menschen viel abverlangten. Die Urangst aber lebte weiter: Sie lebte im Aberglauben, in der Furcht vor dem Bösen, dem Satan, in den Dogmen der verschiedenen Religionen, in der Furcht vor der Strafe Gottes und der ewigen Verdammung der Seele.

Viele Jahrhunderte hindurch lebte und kämpfte der Mensch mit diesen Ängsten. Im Laufe der Entwicklung hat sich der Mensch in der Folge immer mehr mit sich selbst auseinandergesetzt. Er begann sich auf die Freiheit und die Kraft des eigenen Denkens zu konzentrieren. Das Zeitalter der Aufklärung war von Erfindungen und Entdeckungen geprägt. Der Mensch fuhr hinaus auf das offene Meer, um die Welt zu erkunden, er studierte die Phänomene der Natur und erkannte, dass die Erde rund war, dass Blitz und Donner, Erdbeben und Überschwemmungen nicht die Strafen der zürnenden Götter waren. Aberglauben und Angst erweckende Lehren der alles beherrschenden Religionen verloren allmählich an Bedeutung.

Heute, im dritten Jahrtausend, in welchem das Weltall erforscht zu sein scheint, der Urknall als Ursache unseres Daseins gilt, sogar unsere Fortpflanzung wissenschaftlich garantiert scheint, könnte man annehmen, wir hätten einen Großteil unserer Urangst überwunden. Wir leben in einer neuen Ära, dem Zeitalter des Rationalismus, der alles erklärenden Technik. Scharf auf alle Neuigkeiten und Informationen, sitzen wir wie hypnotisiert vor Radio, Fernsehen und Computer. Wir lassen uns von einem In-

DIE GUTE NEUE ZEIT
Der österreichische Autor Ernst H. Gombrich beschreibt in seinem Buch »Eine kurze Weltgeschichte für junge Leser« (siehe Empfehlungen Seite 124 f.) sehr gut, wie sich unsere Lebensqualität verbessert hat. Er erzählt über seine Jugendjahre in Berlin um 1920 und bezeichnet die heutige Zeit als »Das Goldene Zeitalter«, von dem die Menschen damals nur träumen konnten.

Wo früher konkrete Gefahren lauerten, bedroht den Menschen heute eine diffuse Mischung aus Ängsten, Zweifeln und ungewissen Vorstellungen.

formationsstrom überfluten, in der Überzeugung, dass alles im Leben eine wissenschaftliche Erklärung haben muss. Dies entspricht aber nicht den Tatsachen: Wir Menschen haben in den letzten 300 Jahren unser Denken ausgeweitet und intensiviert. Wir haben zwar eine Antwort auf viele existenzielle Fragen gefunden, sind uns aber dennoch bewusst, dass wir trotz – manchmal sogar aufgrund! – des Fortschritts in Wissenschaft und Technik zerstörbar sind.

Es bleibt daher die Angst, diese Urangst, die seit Millionen von Jahren unser Denken prägt und die uns immer noch nicht verlassen hat. Heute ist es nicht mehr die Angst vor wilden Tieren, die uns zerfleischen oder sogar töten, auch nicht mehr die Furcht vor Gott, der uns bestraft. Jeder Mensch spürt dennoch in seinem tiefsten Inneren die instinktive Lebensangst. Sie ist die Ursache des unterbewussten Zwangs in jedem von uns, sich immer mehr auf all jenes zu konzentrieren und alles ernst zu nehmen, was mit Überleben, Gefahr, Schmerz, Leiden, Unglück, Krankheit und

Tod zu tun hat. Wenn es um diese Themen geht, kommt bei uns allen die alte Überlebensangst wieder zum Vorschein. Wir fühlen uns direkt angesprochen, und im Geheimen kämpfen wir sofort mit dem Gedanken, was wir tun könnten, damit es uns nicht auch einmal so ergeht.

Das Problem daran ist nur, dass der Mensch heute nicht mehr wie vor zwei Millionen Jahren nur wenig Zeit und Platz für seine Gedanken hatte, sondern täglich 9000 Bilder visualisiert. Durch die ständige Informationsflut entsteht die Gefahr, dass sich das Gehirn zu einem Magneten für negative Nachrichten entwickelt, dass der Mensch den Überblick über das Wesentliche verliert und sich so zum totalen Pessimisten entwickelt.

Geschäfte rund um die Urangst: die Medien

Sie alle wissen über die besondere Anziehungskraft des Negativen auf den modernen Menschen Bescheid, vom Chefredakteur bis zum kleinsten Hobby-Journalisten, vom großen Filmregisseur bis zum untalentiertesten Möchtegern-Fotografen. Alle haben es verstanden: Wollen sie ihre Zeitungen, Berichte, Fotos oder Filme verkaufen, so müssen sie etwas Erschütterndes bringen. Auch wenn diese Verhaltensweise vollkommen absurd klingen mag, lechzen Leser und Zuschauer offensichtlich nach Horrorszenen, Skandalen, Blut, Tod, Brutalität, Krankheiten und sonstigen Schicksalsschlägen.

Wir brauchen nur die harmloseste Tageszeitung durchzublättern, um zu sehen, dass jede zweite Nachricht einen negativen Titel trägt: Kriegsgeschehen, Attentate, Autounfälle, Prozesse, Unwetterkatastrophen, Hitze-Tote, Krankheiten oder Morde. Der Horror erscheint groß gedruckt auf jedem Titelblatt! Auch banale Meldungen präsentieren sich mit einer schockierenden Überschrift besser. Es ist traurig, aber wahr: Eine Zeitung, die nur positive Nachrichten bringen würde, könnte nicht überleben. Keiner würde sie nämlich kaufen. Dennoch gibt es viele gute Nachrichten, sicher wenigstens so viele wie schlechte. Nur sind wir wegen der Urangst, die immer noch in uns lauert, nicht am Harmlosen und Guten interessiert!

NEGATIVE MOTIVATION

Ich hatte einmal eine Auseinandersetzung mit einem Journalisten. Es ging um Zeitungskommentare über neue Musikproduktionen einheimischer Rockbands. Seit Jahren war fast jede Neuerscheinung mit wenigen Zeilen in den Boden gestampft worden. Als ich diesen »sympathischen« Herrn einmal unter vier Augen fragte, welche Musik ihm den eigentlich gefalle, beichtete er, dass er eigentlich das meiste gut fände, nur habe er von der Redaktion den klaren Auftrag erteilt bekommen, mit Kritiken und negativen Kommentaren nicht zu sparen. Positive Kommentare interessierten niemanden, und nur so würden seine Artikel gelesen.

Diese Aussage hat mir lange zu denken gegeben. Wenn die Presse bereits in einem so kleinen und unwichtigen Bereich wie der Südtiroler Musikszene so vorgeht, wie sieht es dann in den wichtigen Bereichen der Medienwelt aus? Können Sie sich vorstellen, was es für diese Presseleute heißt, täglich ihre Horrorgeschichten aufspüren und zu Papier bringen zu müssen, nur um ihr Produkt zu verkaufen? Welch starke Nerven müssen sie wohl haben, um all das Negative zu verkraften! Können solche Menschen überhaupt noch Optimisten sein? Was passiert eigentlich auf Dauer mit ihren täglichen 9000 Bildern?

Leider hat sich der Wurm des Negativen auch in viele andere Bereiche eingeschlichen. Ich denke da zum Beispiel an die verschiedenen Hits der Musik-Charts, deren Texte zum Teil abscheulich und brutal sind, um die Aufmerksamkeit junger Menschen zu wecken – und gekauft zu werden. Muttermord, Drogen, »kill« und »fuck« sind die Worte in den Songs unserer Kinder. Ich frage mich: Haben Lieder mit romantischen Liebestexten überhaupt noch eine Chance auf Erfolg?

Es gibt offensichtlich keine Grenzen mehr. Die Leute müssen schockiert werden! Die Filmindustrie ist auf diesem Gebiet besonders kreativ und verkauft ihre Werke sogar als Kunst. Je brutaler und tiefer, je realistischer und negativer die Misere der Menschheit präsentiert wird, desto sicherer wird der Zuschauer oder Zuhörer gefesselt, aber gleichzeitig verletzt. Ob er dann zu Hause nicht schlafen kann, eine Panikattacke bekommt oder sein Unterbewusstsein einen Schaden davonträgt, ist dem Regisseur vollkommen egal. Wichtig ist, dass über den Film und die Sendung gesprochen wird, wichtig ist es, die Menschen zu provozieren, Negatives zu verbreiten und Angst hervorzurufen.

Ich erinnere mich noch deutlich an den berühmten und mit mehreren Oskars ausgezeichneten Film »Schindlers Liste«, der in allen Kinos weltweit zu sehen war. Ein Film, der mit unglaublicher Präzision jedes kleinste Detail der Grausamkeiten während der Nazi-Ära zeigt. Ich weiß noch, wie ich, nachdem ich diesen Film gesehen hatte, stundenlang durch die Straßen taumelte und bitterlich weinte. Ich war damals 39 Jahre alt. Es dauerte Tage, bis ich das alles irgendwie verarbeitet hatte. Besonders empört war ich, als ich zu einem späteren Zeitpunkt erfuhr, dass dieser Film den Schülern in den Oberschulen Südtirols während des Geschichtsunterrichts gezeigt wird. Was werden wohl zwei Stunden dieses Horrors im Hirn eines 14-Jährigen auslösen? Was mag wohl im Kopf eines Lehrers oder Direktors vor sich gehen, wenn er beschließt, dieses »Werk« seinen Schülern vorzuführen? Gehört das Betrachten dieses Films vielleicht zur Allgemeinbildung?

DAUERBERIESELUNG
Studien über die vor dem Fernseher verbrachten Stunden eines Durchschnittsmenschen in den USA haben dazu geführt, dieses Medium als eine Droge zu bezeichnen.

Selbstschutz – das sollten Sie sich wert sein

Zu oft wird das Gehirn des Menschen lediglich als Sammelbecken von Grausamkeiten oder, schlimmer noch, als Mülldeponie verwendet! Unserer Urangst wegen sind wir alle zutiefst verwundbar. Wir selbst sind stillschweigend die Opfer unseres eigenen Fortschritts! Wir haben unseren Denk-Computer so eingestellt, dass er ohne einen Filter täglich unzählige Informationen aufnehmen kann. Und er tut dies auch! Und unsere Urangst, unsere Überlebensangst dirigiert unser Denken dahingehend, dass es überwiegend das Negative speichert, das auf uns zukommt. Welche Strategien Sie entwickeln können, um sich vor der Flut dieser Bilder zu schützen, lesen Sie ab Seite 69. Beginnen können Sie, indem Sie Ihr Bewusstsein schärfen für das, was Sie täglich an sich heranlassen.

Wie geht es Ihnen mit fremden Bildern?

Vielleicht haben Sie schon begonnen, sich mit Hilfe des Psychobarometers (siehe Seite 47) täglich einmal Ihren Gemütszustand bewusst zu machen und zu hinterfragen. Versuchen Sie doch auch einmal, sich ganz gezielt nach einem beeindruckenden Kinofilm, dem Anhören eines Konzerts oder einem langen Fernsehabend zu fragen, was das Gehörte und Gesehene bei Ihnen auslöst: Wie fühlen Sie sich? Wie lange wirkt die gute oder schlechte Stimmung, die der Film, die Musik oder die Reportage in Ihnen ausgelöst hat, innerlich nach?

Diese Analyse hilft Ihnen, in Zukunft schon bei der Auswahl Ihrer kulturellen Ausflüge bewusst egoistisch vorzugehen. Fragen Sie sich: Möchte ich mich in eine bestimmte Stimmung versetzen lassen und warum? Wenn nicht: Lassen Sie auch »angesagte« Kulturhits links liegen und verbringen Sie einen schönen Abend mit Familie oder Freunden und einer Tätigkeit, die Ihnen wirklich Freude macht.

Angewohnheiten in unserem Leben

In den letzten fünfzig Jahren haben wir entsprechende Lebensgewohnheiten entwickelt: Wir hängen zum Beispiel ständig am Radio und hören jede Stunde dieselben Nachrichten, der Fernseher läuft fast den ganzen Tag, Computer und Internet ebenso. Durch dieses ständige »Vor-der-Glotze-sitzen« verfolgen wir alle Tragödien der Welt 24 Stunden am Tag.

Eine weitere Gewohnheit unseres Lebens, von der wir uns nicht mehr trennen können, ist das tägliche Durchblättern von Tageszeitungen, Sensationsblättern, Boulevardlektüre und Wochenmagazinen. Nachrichten, Pressefotos, Artikel und Mitteilungen prasseln ohne Rücksicht auf unser Befinden, unseren kulturellen und moralischen Hintergrund, unser Alter und unsere Sensibilität auf uns nieder, so als bestünden wir nur aus Riesenohren und Riesenaugen, die ständig mit möglichst viel Informationsfutter gemästet werden müssen. Aber wir sind Menschen, jeder mit einem ganz anderen Auffassungsvermögen, jeder mit einem besonderen, individuellen »Computersystem«. Ist es nicht so, dass unser emotionales Gleichgewicht oft völlig durcheinandergerät durch das, was wir über Fernsehen, Video oder Filmleinwand alles serviert bekommen haben?

NORMALERWEISE GESUND ...

Ein Professor unserer Universität, der sich mit diesen Ängsten der Medizinstudenten auseinandergesetzt hat, sagte bei einer Vorlesung einen Satz, der mir im Gedächtnis geblieben ist: »Ihr Mediziner habt inzwischen ebenso wie ein Großteil der Patienten vergessen, dass Gesundsein die Normalität und Krankheit die Ausnahme ist!«

DIE UNHEIMLICHE KRANKHEITSWELLE

Ich erinnere mich noch mit Wut an einen wissenschaftlichen Beitrag eines lokalen Fernsehsenders zu Schilddrüsenkrankheiten. Mehrere Krebspatienten sprachen über ihr Leiden. Eine Dame erwähnte im Interview unglücklicherweise, dass ein Früh-Symptom dieser Krankheit ein Druck im Hals sei.

Diese medizinisch vollkommen falsche Aussage hatte zur Folge, dass in der nächsten Woche meine Praxis überfüllt war mit Patienten, die sich über Schilddrüsenprobleme beklagten und mich um eine Diagnose baten, da sie einen Druck im Hals verspürten und fürchteten, vielleicht an Schilddrüsenkrebs zu leiden. Einige hatten sogar panische Angst, da sie seit dieser Sendung am Mittwochabend ständig Druck im Hals spürten. So war ich gezwungen, Blutproben zu verschreiben und Ultraschall-Untersuchungen durchzuführen, um diese Patienten davon zu überzeugen, dass sie vollkommen gesund sind, und um alle wieder beruhigt nach Hause schicken zu können.

Das ist nur ein Beispiel der Medienmacht. Es beweist, wie beeinflussbar, wie verwundbar wir alle sind, besonders wenn es um Gesundheit und Medizin geht.

Die »guten« Bekannten

Was uns die Medienwelt mit Zeitungen, Fernsehen, Radio, Internet und Videos täglich antut, das habe ich bereits geschildert. Es gibt aber noch eine ganze Reihe von »Tätern«, die unsere Gedankenwelt bedrohen!

Einfühlsame Miesmacher

Wer kennt sie nicht, die netten Bekannten, die einem auf der Straße begegnen und auf ein: »Wie geht es dir?« gleich mit ihrem »Du siehst aber schlecht aus« antworten. Oder: »Geht es dir nicht gut? Hast du ein Problem in der Arbeit? Oder zu Hause? Du siehst so blass aus!«

Nach einer solchen Begegnung atmen wir meist tief ein und schlucken dieses negative Bild, das ein Außenstehender von uns gemalt und uns entgegengeknallt hat, betroffen hinunter. Schleunigst suchen wir den erstbesten Spiegel, um zu sehen, ob wir wirklich blass, schlecht und müde aussehen. Eigentlich hatten wir uns gut gefühlt, aber jetzt befällt uns Zweifel …

Auch wenn diese »guten Bekannten« besonders einfühlsam zu sein glauben, bringen solche Aussagen überhaupt nichts, sie kränken nur und schaden dem »Opfer« ebenso wie dem »Täter«.

Die Katastrophen-Nachrichten auf zwei Beinen

Zur Kategorie von Menschen, nach deren Begegnung wir uns nicht mehr wohl, sondern eher bedrückt und nachdenklich fühlen, gehören auch jene, die ein Gespräch etwa so beginnen: »Hast du schon gehört, X hat einen Unfall gehabt, Y hat Krebs, in Indien hat ein Erdbeben 500 Menschenleben gefordert, im Park ist eine Frau vergewaltigt worden, beim Nachbarn wurde eingebrochen, in den und den Lebensmitteln haben sie Blei entdeckt.« Diese Art von Dialog schenkt nur negative Bilder – sonst nichts.

Die Widerspruchsfraktion

Zu den »Miesmachern« zähle ich auch noch eine dritte Kategorie von Menschen, und zwar jene, die mit einem Satz alles zunichte machen, was wir ihnen mit Begeisterung erzählt haben. Sie zerstören das, wovon wir schon ewig geträumt haben, und das, was wir uns mit Freude geleistet haben. So erzählt der eine von dem tollen Auto, das er letzte Woche beim Autohändler bestellt und bereits bezahlt hat. Der andere antwortet: »Diese Marke? Hast du nichts von den vielen Fabrikationsfehlern gehört, die gerade bei diesem Modell aufgetreten sind?«. Oder wenn es um eine bevorstehende Reise geht: »Was, morgen fliegst du dorthin in Urlaub? Meine Bekannte war letztes Jahr zur selben Jahreszeit dort, und da hat es immer nur geregnet!« Auch zu banaleren Meldungen des Alltags haben sie zuverlässig Widerspruch parat: Der eine sagt: »Super Wetter!«, sie entgegnen: »Viel zu heiß!«. Oder Sie meinen: »Fein, den Regen hat es gebraucht!« Die Antwort: »Ist eh schon zu spät, es ist schon alles vertrocknet.«

Die freiwilligen Selbstzerstörer

Es gibt auch Miesmacher, die nicht nur bei anderen, sondern vor allem bei sich selbst nur das Negative sehen. Schon bei einer kurzen Begegnung erzählen sie ihrem unglücklichen Gegenüber von

STOPP FÜR ENERGIEVAMPIRE

Sicher haben Sie schon erlebt, dass Sie sich nach dem Zusammensein mit einem »Miesmacher« im Handumdrehen wie »ausgesaugt« fühlen: Werden Sie sensibel dafür, welche Menschen Ihnen gut tun und welche nicht. Es bringt nichts, allerlei Kontakte zu Leuten zu pflegen, von denen Sie nur als Mülleimer benutzt werden.

PESSIMISMUS ALS INTELLEKTUELLE PFLICHT

Negatives an andere weiterzugeben ist in unserer Gesellschaft leider sehr stark verbreitet. »Miesmacher« führen diese Art des Dialogs meist nicht in böser Absicht, sehr häufig ist diese Gesprächsführung einfach nur eine gewohnte Form der Kommunikation. Vielleicht glauben pessimistische Verkünder dadurch interessanter, informierter, kritischer und gescheiter zu klingen. Aber diese NIP (negativity inducing people), wie sie in der englischen Fachsprache oft bezeichnet werden, diese »Miesmacher«, sind genau das Gegenteil von dem, was wir in unserem Alltag brauchen. Mutmacher sind gefragt. Das Leben ist so schon hart genug. Wir haben es nicht nötig, uns mit zusätzlichen negativen Inputs zu belasten.

den Schmerzen im Bein, von Problemen mit dem pubertären Sohn, vom Haarausfall, von der uninteressanten Arbeit im Büro, der ständigen Abwesenheit des Ehepartners und ihrer häufigen Migräne. Schlimm, all die negativen Bilder, die nun auch im Unterbewusstsein des Zuhörers landen ...

Werden Sie sensibel für Worte

»Salve!«, das heißt »Sei gesund!« Das war die Begrüßung im alten Rom. Oder »Salaama!«, also »Friede sei mit dir!«, wünschen sich die Araber bei einer Begegnung. Was für eine Gesundheit oder welcher Frieden wird einem mit diesen Bemerkungen geschenkt: »Du siehst heute aber gar nicht gut aus!« und »Du scheinst aber ziemlich fertig und müde zu sein« oder »Hast du schon gehört, Herr X hat Krebs, und dein Flugzeug könnte abstürzen?!«. Diese Phrasen, die Menschen so gleichgültig dahinsagen, ohne auch nur einen Augenblick darüber nachzudenken, wie diese Worte auf den Betroffenen wirken können, sind wirklich schlimm!

Das gefährliche Spiel mit den Erinnerungen

Im Leben jedes einzelnen Menschen spielen Erinnerungen und Vergangenheit eine wichtige Rolle. Anhand verschiedener Erfahrungen lernt der Mensch, seinen Alltag immer besser zu meistern. Er zehrt von alten Erinnerungen, spricht, träumt, lacht und weint über sie. Erinnerungen lassen uns zu sensiblen Romantikern werden. Sie ebnen häufig die rauen Wogen unserer Tage und sind ein unentbehrlicher Bestandteil unseres Gedankenguts. Im ersten Kapitel habe ich bereits erklärt, wie der Erinnerungsvorgang abläuft und wie Gedankenbilder verblassen: Denn die Bilder, die wir heute gedacht haben, liegen noch an der Oberfläche des Unterbewusstseins. Je mehr Zeit vergeht und je mehr neue Erlebnisse nachfolgen, desto tiefer sinken die alten Bilder im Gedanken-Topf ab, und desto weniger erinnern wir uns an sie. Bestimmte Bilder vergessen wir scheinbar völlig, auch wenn sie für immer in unserem Unterbewusstsein gespeichert bleiben.

Erinnerungen: nicht zu verändern – nur zu vertiefen

Durch den Erinnerungsprozess holen wir alte Bilder wieder aus dem Topf heraus und visualisieren sie von Neuem. So werden diese Bilder wieder aufgefrischt und verstärkt (siehe Seite 30, die 7. Denkregel).

Und genau hier liegt das Problem – und die Chance! Erinnerungen können angenehm und erfreulich sein, sie können aber auch schmerzhaft und traurig sein, wie zum Beispiel der Gedanke an den Tod eines Menschen, an ein besonders negatives Ereignis, an einen Misserfolg. Wenn Sie sich in solchen Erinnerungen verlieren und immer wieder das gleiche schlimme Bild aus dem Topf herausholen, können Sie sich von diesem nicht mehr trennen. Das Bild des Leidens, das Sie jedes Mal von Neuem verwundet, wird zu einer Dauervorstellung, einem Wahn.

Jedem von uns sollte bewusst sein, dass wir mit dem Herausholen von Erinnerungen achtsam umgehen sollten! Eine schlimme oder traurige Erfahrung kann nicht ausgelöscht werden, aber wir können sie in unserem Unterbewusstsein in Ruhe liegen lassen, mit der Gewissheit, dass die Zeit viele neue, erfreuliche Lebenserfahrungen darüber legen wird. Die negative Erinnerung gerät auf diese Weise immer mehr in Vergessenheit, denn die Zeit heilt bekanntlich alle Wunden. Grübeln und sich negative Erinnerungen immer wieder vor Augen zu führen, erneuert und verstärkt das, was wir eigentlich vergessen möchten.

TIPP

Wir müssen lernen zu akzeptieren, dass das Geschehene Teil unserer Vergangenheit ist. Es ist nicht mehr zu verändern – egal, wie sehr Sie darüber nachgrübeln mögen. Richten wir darum unseren Blick nach vorn, denn wichtig ist, was von jetzt an passiert!

DIE GEBOTE DES GESUNDEN DENKENS

Erfahren Sie, wie Sie mithilfe sehr einfacher, praktikabler Übungen und durch bewusstes Erleben Ihres Alltags dafür sorgen, dass es Ihnen richtig gut geht.

Erstes Gebot:
Schütze dich selbst!

Sie haben im ersten Kapitel (ab Seite 7) die neun Denkregeln
kennengelernt und im zweiten Kapitel (ab Seite 39) gelesen, wel-
che Rolle diese im Alltag spielen – und wie Sie sich mit deren
Hilfe Ihre eigene innere Verfassung bewusst machen können.
Sie wissen, dass Ihr Unterbewusstsein nur gesund bleiben kann,
wenn Sie es schützen und ab sofort neue »Zutaten« – also Denk-
Bilder – richtig dosiert und nur noch in bester Qualität zugeben.
Und so gelingt es Ihnen!

Die vier Angreifer

Wir können die vielen Einflüsse der Außenwelt, die uns negativ beeinflussen und belasten, nicht verleugnen. Die Flut von Informationen, die uns täglich ungefiltert einholt, ist kaum mehr zu bewältigen. Und aufgrund einer ganz natürlichen Urangst (siehe Seite 55 ff.) sind wir ständig verwundbar, weil wir immer noch um unser Überleben bangen.

Sie haben bereits einiges darüber gelesen, auf welche Weise Sie besonders angreifbar sind. Kurz gesagt, gibt es vier »schlechte Köche«, die Ihnen die Suppe (siehe Seite 31) versalzen und ungenießbar machen können:

> Ungefilterte Meldungen
> Dauerndes Fernsehen
> Miesmacher
> Redensarten und unbedachte Worte

Vielleicht haben Sie bereits überprüft, wie stark diese Angreifer Sie mitunter beeinflussen (siehe Seite 60 f.) – wie viel Energie und Kraft es Ihnen raubt, ständig mit Hiobsbotschaften bombardiert zu werden, nörgelnde Bekannte auszuhalten und mit achtlosen Worten konfrontiert zu werden. Sie konnten ein erstes Gefühl dafür entwickeln, wie sehr Sie durch diese Einflüsse in eine diffuse schlechte Stimmung versetzt werden, kurz: wie sehr Sie sich von anderen Ihre persönliche Suppe versalzen lassen.

FILTERN SIE ALLE NACHRICHTEN

Viele schlimme Nachrichten sind nichts anderes als Müll, Müll für unsere Ohren, unsere Gedanken, unsere Seele und für unser Gemüt! Als Hörer komme ich mir wie ein Mülleimer vor, in den alles hineingeworfen werden darf und der all das aufnehmen muss.

Schutzschild 1: Nachrichten filtern

Nicht nur der Tag von Bärbel Finster (siehe Seite 10) beginnt bereits mit Kriegen, Katastrophen, weltweitem Elend … Via Radio, Fernsehen, Tageszeitung und Internet beginnen wir schon morgens, uns mit den Krisen dieser Welt zu beschäftigen.

Und wie geht es Ihnen, nachdem Sie von Tod, Krieg, Unfällen und Katastrophen gehört haben? Von Einzelschicksalen, die tragisch und grausam sind? Mir geht es schlecht, und ich bin wütend. Am liebsten hätte ich manchmal schon in der Sendestation angerufen, um dem verantwortlichen Chefredakteur meinen Ärger ins Gesicht zu schleudern. Was bringt so eine Nachricht, außer Schmerz? Macht sie mich zum informierteren Menschen?

WELCHE »PFLICHT« HABEN MEDIEN?

Leid, zur reißerischen Horrormeldung frisiert und in die Welt hinausgeschrien: Gehört dies vielleicht zur so häufig zitierten Pflicht zur Berichterstattung? Da frage ich mich wirklich: Um welche Pflicht geht es da? Hat nicht jeder von uns seinem Nächsten und der Allgemeinheit gegenüber gewisse ungeschriebene Regeln der Ethik, der Moral und des Respekts einzuhalten? Viele Nachrichten bringen uns gar nichts und tragen auch nicht dazu bei, unseren Alltag besser zu meistern. Im Gegenteil, sie hinterlassen nur Traurigkeit, Pessimismus und unnütze Ängste. Solch eine Nachricht, die außer Leid nichts vermittelt, darf nicht ohne jegliche Rücksicht auf Opfer, deren Angehörige und nicht zuletzt auf die Zuhörer in alle Welt hinausposaunt werden.

Werden die Menschen, deren tragischer Tod so genau beschrieben wurde, durch das Entsetzen der Zuhörer wieder lebendig? Würde sich etwas an den Umständen ändern, wenn diese Nachricht von niemandem gehört oder erst gar nicht gesendet würde?

WAHR IST, WAS WIR WAHRNEHMEN
Der italienische Satiriker und Komiker Beppe Grillo behauptete einmal bei einer seiner Vorführungen, dass Nachrichten einfach nicht existieren, sofern wir sie nicht hören oder nicht lesen.

Finden Sie Ihren individuellen Filter

Der Topf Ihres Unterbewusstseins muss einen Deckel bekommen, und das auf schnellstem Weg! Sie brauchen Ruhe vor den Medien und vor der täglichen Neurose des Wissens. Stellen Sie sich einmal vor, es gäbe keine Nachrichten! Sie würden auf einmal bemerken, dass sich in Ihrer vertrauten Umgebung nichts Wesentliches verändert. Sie könnten sich mehr auf Ihren Alltag, auf die nahe liegenden Dinge konzentrieren. Versuchen Sie einfach einmal, die Zeitungen am Kiosk nicht zu kaufen, Radio und Fernsehen ausgeschaltet zu lassen! Gönnen Sie Ihrem strapazierten Unterbewusstsein einmal eine Pause und lassen Sie es kurz aufatmen. Vielleicht hören Sie sich ein schönes klassisches Konzert oder einen alten Beatles-Song an.

Vielleicht drängt sich Ihnen jetzt die Frage auf, ob der Mensch das Zeitunglesen, Fernsehschauen und Radiohören vollkommen einstellen sollte, um gesund und ausgeglichen zu sein. Meine Antwort dazu ist, dass Sie sich selbst beobachten und analysieren müssen, um zu verstehen, was Sie brauchen, was Sie verkraften können und was Ihnen gut tut. Auf jeden Fall ist es wichtig, dass Sie bewusst entscheiden, was Sie sich ansehen und anhören wollen, ohne sich wahllos von allem, was gedruckt und gesendet wird, überrollen zu lassen. Es gibt sicher sehr viele nützliche Informationen, die Ihr tägliches Leben verbessern können. Die Meldung zum Beispiel, dass ein Geisterfahrer auf der Autobahn unterwegs ist, mahnt Sie zu erhöhter Vorsicht und lässt Sie auf Überholmanöver zu verzichten. Unnütz und schockierend dagegen ist die genaue Schilderung, wie sieben Menschen durch einen Geisterfahrer schuldlos ums Leben gekommen sind.

Ich möchte auch nicht jedem Journalisten »Schwarzmalerei« unterstellen. Es gibt viele Reporter, die positive Berichte und Reportagen produzieren. Kultursendungen, Dokumentarfilme und auch so manche Unterhaltungsprogramme sind lehrreich und unterhaltsam und bereichern unseren Geist und unser Leben. Sehr oft jedoch genügt schon das Lesen der Zeitungsüberschriften, um zu wissen, dass es nicht nötig ist, die brutalen Details über die Misshandlung und Tötung eines Menschen zu lesen. Manchmal genügt ein kurzer Blick auf den Fernsehschirm, um zu entscheiden, dass es besser ist, den Kasten auszuschalten, um dem eigenen Gemüt die Trauer der Familienangehörigen eines Mordopfers zu ersparen.

Und manchmal ist es für das Seelenleben besser, ein gutes Buch zu lesen, als zum x-ten Mal die bedrückende Situation im Nahen Osten zu verfolgen. Was und wie viel Sie sich ansehen und anhören wollen, können Sie am besten täglich selbst entscheiden. Für das eigene Wohlbefinden sind auf jeden Fall ein starker Filter und persönliche Zensur unumgänglich!

Stoppen Sie die Informationswelle: Schalten Sie immer wieder ganz bewusst aus.

Schutzschild 2: Sehen Sie nur bewusst fern

Einer der größten Müllproduzenten des modernen Lebens ist meiner Meinung nach die Fernsehindustrie. Aufgrund meiner Einsätze in Entwicklungsländern bin ich häufig mit dem Flugzeug unterwegs. Im Start- und Landeanflug bin ich schon über zahlreiche Städte und Dörfer der Welt geflogen. Ob es nun Europa, Afrika, Asien oder Amerika war, von der Luft aus gesehen haben alle Orte etwas gemeinsam: Auf fast allen Dächern prangt ein Wald von Antennen.

In jedem Haus steht der leuchtende, verkabelte Flimmerkasten – die Nabelschnur zur Welt schlechthin. Oft sogar mehrere in einer Wohnung: einer im Wohn- oder Esszimmer, ein zweiter im Schlafzimmer und ein dritter im Kinderzimmer oder sogar in der Küche. Wie gebannt sitzen alle davor, jeder für sich. Mit weit offenen Augen und heruntergezogenen Mundwinkeln starren wir auf ihn. Hätten wir einen Spiegel, so würde uns auffallen, wie blöd wir aussehen, und wir würden uns dafür schämen.

Das Schlimmste aber: Fernsehen ist inzwischen für viele Menschen ein Art »Familienhobby«: Jeder Dialog fällt diesem Kasten zum Opfer. Ganze Familien nehmen ihre Mahlzeit wortlos vor dem Flimmerkasten ein und schlucken Terror, Krieg und Leid mit hinunter, statt in Ruhe zu essen und über dies und jenes zu sprechen.

REIZE, DIE ERMÜDEN

Fälschlicherweise glauben wir, uns vor dem Flimmerkasten zu entspannen, aber genau das Gegenteil ist der Fall. Das Farben- und Bildermeer hypnotisiert zwar unseren Geist, aber wir werden dabei müde, denn der Kasten saugt Energie aus uns heraus. Wenn wir nach stundenlangem Glotzen endlich den Apparat erschöpft ausschalten, weil wir bereits eingeschlafen sind oder weil der Finger vom endlosen »Zappen« und Herumschalten weh tut, sind wir gereizt und ausgelaugt.

Das Leben wieder selbst er-leben

Was kann man dagegen tun, außer ihn abzuschalten und damit den Deckel unseres Bewusstseins zu schließen? Dies ist zwar nicht einfach, und einige von uns werden es wie eine Entziehungskur empfinden, aber glauben Sie mir, ein Leben ohne Fernsehen vermittelt Ihnen plötzlich ein völlig anderes Bild von der Welt. Meist dauert die Entwöhnung ein paar Tage. Vielleicht ist es sogar notwendig, den Fernseher für einige Wochen oder Monate in den Keller zu verbannen, aber Sie werden sehr

OHNE PROGRAMM KEIN LEBEN?

Einen interessanten Zwischenfall haben die New Yorker im Juni 1977 erlebt. Für 25 Stunden gab es einen totalen Stromausfall, was für den fernsehsüchtigen Amerikaner einer Katastrophe gleichkam. Wie sehr das gesellschaftliche Leben dadurch »erschüttert« und beeinflusst wurde, darüber gibt eine interessante Statistik Aufschluss. Neun Monate nach dem Blackout stieg die Geburtenrate in New York kurzzeitig um fast 25 Prozent. Ein Beweis dafür, dass es sich auch ohne Flimmerkasten ganz gut leben lässt und dass die Menschen sehr wohl noch in der Lage sind, sich ihr eigenes Programm zu gestalten.

bald sehen, wie viel Zeit Sie auf einmal für sich selbst und für andere übrig haben, was Sie nun alles tun können und wie viel neue Lebensfreude in Ihnen aufkommt.

Schutzschild 3:
Halten Sie Distanz zu Miesmachern

Das Prinzip der Abgrenzung gilt ganz besonders jenen Menschen gegenüber, die wir als »Miesmacher« bezeichnet haben (siehe Seite 62 ff.). Sie finden es vielleicht traurig und auch unangenehm, Personen aus Ihrem Leben ausschließen zu müssen. Aber manchmal ist es für Ihr Wohlbefinden unumgänglich, einen weiten Bogen um Leute zu machen, die einen negativen Einfluss auf Sie haben. Besonders schwierig ist das bei den eigenen Familienangehörigen, und es empfiehlt sich, hier etwas diplomatischer vorzugehen (siehe Seite 74). Und es gibt einfach Situationen im Leben, in denen man dieses Prinzip nicht anwenden kann.

Vielleicht könnten Sie in solchen Fällen wenigstens versuchen, mit der jeweiligen Person darüber zu sprechen, was deren negative Einstellung bei Ihnen auslöst: Menschen, die dauernd mit deprimierenden Aussagen um sich werfen, befinden sich selbst in einer schlechten Verfassung und könnten jemanden gebrauchen, der sie endlich einmal aufrüttelt!

GU-ERFOLGSTIPP

Wenn Sie bisher viel ferngesehen haben und es Ihnen schwerfällt, darauf zu verzichten, verbannen Sie den Fernseher zuerst einmal wirklich konsequent aus Ihrer Umgebung: Stellen Sie ihn einige Wochen in eine Abstellkammer, auf den Speicher oder in den Keller.
Führen Sie bewusst neue Rituale ein, mit denen Sie die gewonnene Zeit abends angenehm füllen: Tun Sie das, wozu Sie sonst »einfach nicht kommen«: Lesen Sie ein gutes Buch.

Schutzschild 4:
Gehen Sie sorgsam mit Sprache um

Alle Menschen haben eines gemeinsam: Sie sind beeinflussbar und reagieren auf Mitmenschen. Die wechselseitige Kommunikation zwischen Ihnen und Ihrer Außenwelt ist unglaublich wichtig, denn Worte sind nicht Luft! Oft wiegen sie sogar ziemlich schwer. Darum müssen wir die Art zu kommunizieren unserer allgemeinen positiven Grundhaltung anpassen. Redensarten wie »Du siehst aber schlecht aus« sind für den Empfänger nicht aufbauend. Ebenso erzeugt diese Äußerung in dem, der sie von sich gibt, ein weiteres negatives Bild. Also, nichts wie weg von dem, was uns und anderen nur weh tut!

Suchen Sie in Zukunft bewusst nach positiven Details, auf die Sie Ihr Gegenüber ansprechen können: »Du siehst blendend aus« oder »Man sieht, dass es dir gut geht« oder »Deine neue Frisur steht dir aber gut« oder »Die Farbe deines Schals passt so richtig zu dir«. Nach einer solchen positiven Äußerung sieht der Mensch in unseren Augen meist wirklich besser aus als nur wenige Augenblicke zuvor. Und darüber hinaus hat auch ihm unser kleines Kompliment gut getan, und er trägt es freudestrahlend mit sich fort.

GU-ERFOLGSTIPP

Das ganz normale Nein-Sagen ist für viele Menschen ein unlösbares Problem. Das soll kein Aufruf zum hemmungslosen Egoismus sein – der gerade diesen Menschen widerstreben würde –, sondern die Aufforderung, den anderen mehr zuzutrauen und sich selbst in gewisser Weise zu schützen. Lernen Sie Nein zu sagen. Ein kleiner Trick, um das im entscheidenden Moment zu können: Gewöhnen Sie sich an, jede Bitte, jedes Anliegen, das an Sie (scheinbar) herangetragen wird, wie ein Paket zu behandeln: Ist es überhaupt an Sie adressiert? Ist das tatsächlich Ihre Sache? Ihr Problem? Oder gehört Ihnen das gar nicht? Ein fremdes Paket würden Sie doch auch nicht öffnen, oder? Also bitte auch dieses einfach mit höflichem Lächeln an den Adressaten weiterreichen!

EHRLICHES FEEDBACK

Natürlich geht es nicht darum, oberflächlich nebeneinanderher zu leben und es nicht zu hinterfragen, wenn es einem anderen Menschen sichtlich schlecht geht. Aber wenn Sie Ihr Gegenüber darauf ansprechen, dass es ihm offensichtlich nicht gut geht, macht das nur Sinn, wenn Sie der Meinung sind, dass Sie dem anderen helfen können – etwa, indem Sie nachfragen: »Ich sehe, du brauchst heute meine Hilfe – komm, ich bau dich auf!« Einer solchen Nachfrage sollte stets das ehrliche Interesse und auch die Bereitschaft zugrunde liegen, dem anderen tatsächlich zuzuhören und wenn möglich zu helfen.

Hat jemand etwas Neues erworben, so könnte der Kommentar folgendermaßen lauten: »Ach, du hast das Auto gekauft? Da hast du sicher einen guten Kauf gemacht, und ich freue mich für dich!« Wenn es um Zukunftspläne geht, könnte man zum Beispiel sagen: »Das wird sicher gut gehen, und du wirst bestimmt alles bestens meistern.« Wie bei allen neuen Situationen, die einer gewissen Umstellungszeit bedürfen, werden Sie auch hier anfangs einige Schwierigkeiten haben, das Erklärte tatsächlich umzusetzen. Vielleicht fühlen Sie sich verunsichert und fürchten, Ihr kritischer Sinn könnte verloren gehen, weil Ihre Aussagen nicht der Realität entsprechen.

Aber welche Realität ist die wahre? Das Glas bleibt immer gleich voll, unabhängig davon, ob Sie es als halb voll oder halb leer bezeichnen. Erinnern Sie sich doch bitte an das alte Sprichwort »Wie man in den Wald hineinruft, so schallt es heraus!«. Sie werden merken, dass Ihnen nach einigen Wochen der positive Dialog gar nicht mehr schwerfällt. Ganz im Gegenteil, Sie werden ihn unbewusst und spontan anwenden. Plötzlich werden Ihnen Menschen schöner und besser vorkommen, ohne dass Sie sich belügen müssen. Sie werden alles positiver sehen, die Menschen werden ganz spontan auf Sie zukommen, und ihre Umwelt wird auf einmal völlig anders auf Sie wirken.

BEWUSST AUFEINANDER EINGEHEN

Konstruktive, positive Kommunikation ist der Schlüssel zu einem freundlichen Miteinander. Und gar nicht so schwierig zu lernen! Wie man einem anderen Menschen erfolgreich Feedback gibt und wie man es annimmt, gehört dazu (Buchempfehlungen zum Weiterlesen auf Seite 124 f.).

Zweites Gebot:
Lebe in der Gegenwart!

Es ist Ihnen vielleicht auch schon passiert, dass Sie eine Telefonnummer wählen wollen – sich aber gar nicht mehr erinnern können, wen Sie eben anrufen wollten. Oder dass Sie im Laden stehen und vollkommen vergessen haben, was Sie kaufen wollten. Ich selbst bin sogar schon einmal mit zwei verschiedenen Schuhen zur Arbeit gegangen. Meine Assistentin ging kürzlich mit ihrem Fahrrad in den Supermarkt hinein und wurde sich dessen erst bewusst, als die anderen Kunden sie erstaunt anstarrten.

Konzentration – warum sie so wichtig ist

Wenn Sie dieses Buch mit Interesse verfolgen, so ist beim Lesen dieser Zeilen eines unerlässlich: Konzentration. Sie ist die wichtigste Eigenschaft bei der Arbeit oder beim Sport, beim Erlernen eines Musikinstruments oder einer anderen neuen Tätigkeit. Konzentration bedeutet, seine Sinne, seine ganze Aufmerksamkeit auf das zu fokussieren, was man gerade tut. Wenn ich zum Beispiel auf einem Pferd reite, so bin ich dann konzentriert, wenn ich jedes Detail wahrnehme: die Reaktionen des Pferdes, die Art, wie ich die Zügel halte, Unebenheiten des Weges, über den ich reite. Meine Konzentration ermöglicht mir, gut zu reiten und einen Sturz zu vermeiden. Ich bin bei der Sache.

In einer Welt der tausend Ablenkungen ist es sehr schwierig, konzentriert zu sein. Unser Vorfahre vor zwei Millionen Jahren war ein Meister der Konzentration – er war dazu gezwungen, denn schon eine kleine Ablenkung hätte ihn wahrscheinlich das Leben gekostet. Wie anders leben wir heute: In der Annahme, Zeit zu gewinnen, versuchen wir stets mehrere Dinge gleichzeitig zu tun und an verschiedene Dinge zu denken. Dadurch verlieren wir unsere Konzentration und sind nicht mehr bei der Sache. Wir sind in der Lage, Dinge simultan zu erledigen: Wir können uns mit der einen Hand die Haare kämmen, mit der anderen im Kochtopf die Suppe umrühren, dabei über das zwischen Schulter und

GU-ERFOLGSTIPP

Gegen das Vergessen: Schreiben Sie die Dinge auf, die Ihnen im Kopf herumschwirren. Egal, ob es Gedanken an das sind, was noch zu tun ist, oder belastende Gedankenstrudel zu bestimmten Situationen oder Themen, mit denen Sie nicht klarkommen: Das Aufschreiben wirkt ordnend und entlastend. Therapeuten setzen diesen Effekt gezielt ein: Gerade das Schreiben mit der Hand, vielleicht sogar mit einem schönen Füllhalter – also nicht per Computer –, ist heilsam.

LERNEN VON DEN KLEINEN

Beobachten Sie einmal ein Kind beim Spielen, Malen oder Basteln: wie konzentriert es in seiner Fantasiewelt aufgeht. Es lässt sich durch nichts ablenken und muss sogar von seiner Mutter mehrere Male zum Essen gerufen werden. Das ist Konzentration! Sie können sicher sein, dass ein Kind, das vollkommen bei seiner Sache ist, nur wenige Gedanken an andere Dinge verschwendet. So ergeht es auch dem Erwachsenen, der auf etwas konzentriert ist. Sein Gehirn hat fast keine Chance, andere Bilder zu produzieren, erst recht keine negativen!

MONOTONIE AM
ARBEITSPLATZ
Der Fabrikarbeiter, der immer die zwei gleichen Gewinde der Montagekette kontrollieren muss, ist ebenso wie der Pilot eines Jumbojets, der stundenlang im Cockpit sitzt, mit seinen Gedanken allein – eine Herausforderung an die Konzentrationsfähigkeit.

Ohr eingeklemmte Telefon im Restaurant einen Tisch reservieren, gleichzeitig im Fernsehen die Wetterprognosen verfolgen und dem Sohn zurufen, er solle endlich Ruhe geben.

Das Bilderchaos, das durch die vielen gleichzeitigen Aktivitäten im Gehirn entsteht, ist leicht vorstellbar. Das Denken gerät außer Kontrolle ohne Aufmerksamkeit. Nur durch Konzentration können Sie Ihr Denken wieder in geordnete Bahnen lenken und dem konfusen Gedanken-Pingpong, vor allem dem negativen, ein Ende setzen.

Im Hier und Jetzt bleiben

Heute ist in vielen Arbeitsbereichen spezielles Fachwissen gefragt. Das hat ebenso wie die entsprechende Technik und Ausrüstung von Arbeitsplätzen vor allem ein Ziel: reibungslose, effektive Arbeitsabläufe. Technik und Routine machen den persönlichen Einsatz, die Fantasie und die Kreativität eines Menschen überflüssig. Die Gefahr: Er schaltet sich innerlich ab. Wie aber gelingt es, unter diesen Umständen konzentriert und präsent zu bleiben?

Der Psychologe Mihaly Csikszentmihalyi (sprich: Tschik-Sent-Mihaji) prägte Anfang der 1990er Jahre den Begriff »Flow«: Gemeint ist ein Zustand, in dem ein Mensch vollkommen eins mit sich und seinem Leben ist – und der vor allem mit Konzentration zu tun hat.

FLOW – WENN ALLES IM FLUSS IST ...

Das Phänomen Flow beschreibt den Zustand, in dem ein Mensch völlig in dem aufgeht, was er in diesem Moment tut. Sorgen verschwinden, das Gefühl für Zeitabläufe verändert sich. Der Autor Mihaly Csikszentmihalyi fand heraus, wie ein Mensch zu einem Flow kommt. Folgende Situationen tragen dazu bei (nicht alle Bedingungen müssen erfüllt sein!):

❯ Der Mensch ist der Aktivität gewachsen – also weder über- noch unterfordert.

❯ Er kann sich darauf konzentrieren (hat also Zeit, Ruhe und vor allem Interesse daran).

❯ Die Aktivität hat konkrete Ziele – und man erlebt diese unmittelbar.

❯ Man hat das Gefühl, die Aktivität selbst planen, kontrollieren, in der Hand behalten zu können.

❯ Die Tätigkeit hat ihr Ziel in sich selbst. Das heißt: Sie tun das, was Sie tun, weil es Ihnen Freude macht, und aus keinem anderen Grund.

Besonders, wenn Sie beruflich häufig eine Art »monotonen Stress« haben, tut Ihnen ein Ausgleich gut: Aktivitäten, die Sie mitreißen, begeistern und zur Konzentration zwingen. Ob Sie Modelleisenbahnen bauen, tauchen, Münzen sammeln, häkeln, malen, komponieren, Brettspiele spielen, im Garten arbeiten oder kochen – wichtig ist, dass Sie sich Ihrem Hobby gern und um seiner selbst willen widmen (siehe Kasten Seite 80).

Die beruhigende Wirkung der Natur

Einen großen Teil ihrer Zeit verbringen die meisten Menschen heute in geschlossenen Räumen. Doch der Mensch braucht die Nähe zur Natur – und dieses Bedürfnis wird immer stärker.

Nach der Arbeit in der Praxis gönne ich mir am Abend meistens noch einen Spaziergang. Ich habe das große Glück, dass nur fünf Minuten von meiner Praxis entfernt ein wunderschöner Wald beginnt. Oft bin ich völlig erschöpft und ausgelaugt: vom Tagesgeschehen, der Hektik der Notfälle, vom Andrang der vielen Patienten, die mir ihre kleinen und großen Leiden ans Herz legen. In dieser Verfassung gehe ich in meinen vertrauten Wald und spaziere auf dem Weg, den ich mittlerweile auswendig kenne, und das Rauschen des Bächleins begleitet mich dabei. Während der ersten Gehminuten nehme ich um mich herum gar nichts wahr, weder die Bäume noch den Duft des feuchten Moosbodens oder das Zwitschern der Vögel. Mein aufgewühltes Gehirn verarbeitet das Tagesgeschehen, die Gedanken drehen sich in alle Richtungen. Nach einiger Zeit aber lässt meine Anspannung nach, und die Bäume besänftigen meine Seele mit ihrer natürlichen Ruhe. Nach etwa 20 Minuten spüre ich eine Veränderung in mir. Ich konzentriere mich auf die Gegenwart, meine wirren Gedanken kommen zur Ruhe. Auf einmal sehe ich die Natur wieder, ich bin mir endlich bewusst, dass es Abend ist, dass ich durch meinen geliebten Wald gehe, der mich täglich wieder zu mir selbst zurückführt. Dann erscheinen auch wieder positive Bilder: ich sehe das Bächlein, rieche den Duft der Bäume, höre das Singen der Vögel. Dieser tägliche Spaziergang ist mein »Treibstoff«, meine Energie. Ich gehe entspannt und mit Freude nach Hause zu meiner Familie.

DA-SEIN
Wir müssen wieder lernen, die Aufmerksamkeit auf das Hier und Jetzt zu richten – denn sonst verpassen wir die einzig wahre Zeit, die Gegenwart.

Der Kontakt zur Natur ist unverzichtbar für Sie, wenn Sie Ihr Leben positiv gestalten wollen. In einer Zeit der Reizüberflutung und des Informationsüberflusses ist die Natur ein ausgleichender Gegenpol. Ob ein Spaziergang durch den Stadtpark, eine Expedition durch die Wüste, eine Weltumsegelung oder eine Bergtour: Hauptsache, der Mensch findet durch das Naturerlebnis wieder zu sich selbst. Körperliche Anstrengung ist ein weiteres Hilfsmittel, um sich auf den Augenblick zu konzentrieren und alles Belastende loszulassen.

Den Körper spüren

Sport und aktive Freizeit: das ist heute ein Feld der schier unbegrenzten Möglichkeiten: Abenteuertrips durch den Dschungel, Canyoning und Rafting auf reißenden Flüssen, Eisklettern, Bungeejumping – wenn man die gewollt gefährlichen, fast schon primitiven Verhältnisse dieser Abenteuererlebnisse bedenkt, so fällt einem wohl wieder die Lebensweise der Steinzeitmenschen ein. Auch sie mussten sich in der Wildnis zurechtfinden und reißende Flüsse überqueren, doch sie taten dies, um zu überleben. Dasselbe machen wir heute freiwillig auf der Suche nach Abenteuern. Der Mensch, der jahrtausendelang versucht hat, die Natur zu zähmen, sucht jetzt freiwillig den primitiven Kampf mit ihr. Grenzt dies an Masochismus, oder ist dieser innere Drang zur physischen Anstrengung ein neuer Weg, unseren Stress abzubauen und unsere Seele zu befreien? Meine Antwort darauf ist, dass wir so etwas finden, was wir in unserer technologisierten Welt verloren haben, nämlich die Konzentration, das Tun im gegenwärtigen Augenblick. Bei physischen Herausforderungen in der Natur setzt der Mensch wieder seinen Körper und seine Muskeln ein – und das Gedankenkarussell hat Pause.

GU-ERFOLGSTIPP

Ob in der Freizeit oder beim Arbeiten, jeder Mensch kennt Situationen, in denen er in seinem Tun völlig aufgeht – das sind die persönlichen Flow-Momente. Nehmen Sie sich Zeit, sich Ihre bewusst zu machen: Bei welchen Tätigkeiten, in welchen Situationen geht es Ihnen so? Beim Spielen mit Ihren Kindern? Während Sie ein Konzept schreiben? Eine schwierige mathematische Aufgabe lösen? Spazieren gehen und jedes kleine Detail Ihrer Umgebung in sich aufnehmen können? Wenn Sie für Ihre Familie kochen? Oder mit einer lieben Freundin telefonieren? Schreiben Sie sich diese Situationen auf. Wenn Sie Ihre Liste fertig haben, nutzen Sie sie: Sobald Sie sich gestresst oder außer sich fühlen, setzen Sie eine Aktion in die Tat um. Gönnen Sie sich regelmäßig genau diese Situationen – Ihre persönlichen Glücksmomente.

Er ist vollkommen konzentriert, während er seine Kraft gegen jene der Natur ins Spiel bringt. Am Ende eines naturverbundenen Tages ist der Mensch zwar körperlich erschöpft und todmüde, aber psychisch fit und zufrieden. Genau das Gegenteil davon verspürt er nach einem Tag vor dem Bildschirm: Er ist vollkommen gereizt, psychisch erschöpft und physisch unterfordert. Jetzt verstehen wir vielleicht die vielen Menschen besser, die abends beim Spazierengehen, Joggen oder Radfahren ihren »inneren Schweinehund« loswerden wollen. Die sportliche Leistung, die wir erbringen, zwingt uns zur Konzentration. Während Sie Ihre Atmung, den Puls, Ihren Schritt, die Herzfrequenz und die Beanspruchung Ihrer Muskeln und Gelenke spüren, nimmt die Bedeutung der Gedanken ab.

Physische Anstrengung und sportliche Betätigung retten uns genauso wie die Natur. Das Schwitzen während dieser zurückgelegten Kilometer befreit unseren Geist. Dabei spielt die Ausschüttung der körpereigenen Endorphine eine wichtige Rolle. Tatsache ist, dass nach einer sportlichen Aktivität unser Geist und unsere Seele so richtig aufleben.

Reisen und dabei die Gegenwart entdecken

Um den Alltagstrott zu unterbrechen, reisen viele Menschen gern für ein paar Tage in eine fremde Stadt oder gar für einige Wochen in ein fremdes Land. Sicher haben Sie das auch schon erlebt: Schon nach einem Kurzurlaub kommen Sie zufrieden und um viele Erfahrungen und Erlebnisse bereichert zurück nach Hause. Obwohl der Städtebummel, die Museumsbesuche und die Flugreise anstrengend waren, fühlen Sie sich entspannt und gehen mit neuer Energie die üblichen Herausforderungen Ihres Arbeitsalltags wieder an. Dieser Elan, diese neue Lebenskraft und Energie, die Sie getankt haben, entsteht, weil die Auslandsreise, die Begegnungen mit neuen Menschen und Kulturen, die Besichtigung von Kirchen und Denkmälern Ihre ganze Aufmerksamkeit beanspruchen – es gelingt Ihnen hier viel leichter, wirklich konzentriert zu sein. Alle Ihre Sinne werden durch die neuen Erfahrungen vollkommen gefordert.

LEBEN SIE BEWEGT!
Der Mensch lebt in seiner Ganzheit von Körper und Geist – und ebenso, wie eine traurige Seele den Körper krank machen kann (siehe Seite 32 ff.), beeinträchtigt ein schlapper, müder, gebeugter Körper die mentale Gesundheit. Und in Bewegung zu sein, seinen eigenen Körper zu spüren, sich selbst physisch herauszufordern kann regelrecht Glücksgefühle auslösen!

DAS SCHÖNE IM JETZT

Versuchen Sie so gut wie möglich, etwas Interessantes, etwas Positives an dem Augenblick zu entdecken, den Sie jetzt gerade leben. Sie werden staunen, aber es gibt tatsächlich in jeder Situation irgendetwas Schönes, doch entdecken müssen Sie es selbst!

Konzentrieren leicht gemacht

Der wahre Grund, warum wir uns im Urlaub entspannen, ist der, dass wir uns ganz auf die vielen neuen Eindrücke bei Tag und sogar auf das andere Bad und das neue Bett in der Nacht konzentrieren und dabei unseren Alltag und unsere belastenden Gedanken von zu Hause vergessen. Wir geben unserem Gehirn keine Chance zum Grübeln. Reisen, Natur, Sport und physische Anstrengung verhelfen uns also zur Konzentration auf die Gegenwart.

Manchmal jedoch befinden wir uns in einer Situation, in der wir nicht so einfach auf diese Hilfsmittel zurückgreifen können und in welcher wir unserem Gedankenchaos nicht entrinnen können. In einem solchen Fall müssen wir versuchen, durch Disziplin und durch Denkaufgaben unsere Konzentration wiederzuerlangen.

Mit einfachen Übungen zurück in die Gegenwart

Um konzentriert zu sein, müssen wir wieder lernen, wie ein Kind den Augenblick wahrzunehmen, den wir gerade erleben. Um bei der Suche nach etwas Positivem erfolgreich zu sein und um die Konzentration zu steigern, gibt es einige Tricks!

Naturschönheiten entdecken

Sie stehen im Stau zwischen den Hochhäusern der Stadt? Suchen Sie mit den Augen ein Stück Natur, das Sie erfreuen könnte: Der Himmel ist fast immer sichtbar, er ist nie eintönig, oft hat er eine schöne blaue Farbe, manchmal wird er von bizarren Wolken verdeckt. Schon ein solches Detail der Natur kann in Ihren Gedanken die Wende zum Positiven auslösen. Auch die Suche nach etwas Grünem kann weiterhelfen: Auf einem Fensterbrett steht vielleicht eine Grünpflanze, am Straßenrand ein hoher Baum, oder gegenüber gibt es ein Stück Rasen. Dies sind Teile der Natur, an denen Sie sich in diesem Augenblick festhalten können und die Ihnen zu positiven Gedanken verhelfen.

GU-ERFOLGSTIPP

Viele große Philosophen und Wissenschaftler waren begeisterte »Spaziergänger«: Schon Hippokrates, der Begründer der Medizin als Wissenschaft, entspannte sich so von seiner Arbeit. Vielleicht ist Ihnen auch schon aufgefallen, dass Sie beim Spazierengehen besser denken können? Das liegt zum einen daran, dass unser Körper gar nicht fürs Herumsitzen gemacht ist, also Bewegung braucht. Zum anderen beruhigt uns gerade ein Spaziergang in der Natur durch die Eindrücke – angenehme Geräusche, harmonische Farben und sanfte Gerüche –, und das bringt auch die aufgewirbelten Gedanken zur Ruhe.

Wer ist die oder der Schönste im ganzen Land?

Dieses Spiel können Sie ausprobieren, wenn Sie irgendwo mit vielen Leuten Schlange stehen und warten müssen: vor dem Bankschalter, im Wartesaal beim Arzt, vor dem Ticketschalter am Bahnhof. Anstatt nervös an all das zu denken, was Sie eigentlich erledigen müssten, geht es bei dieser Übung darum, das Schöne an jedem Menschen zu entdecken, zum Beispiel die blonden Haare der jungen Frau neben Ihnen, die schwarzen Augen des Bankbeamten, das schöne Kleid des kleinen Mädchens und der weise Blick der alten Dame. Mit etwas Übung fällt dieses Fokussieren auf das Schöne an jedem Menschen immer leichter.

Bleiben Sie optimistisch!

Diese zwei Beispiele können Ihnen helfen, Ihre Gedanken auf etwas Positives zu konzentrieren. Es ist sicher besser, eine Wolke am Himmel zu betrachten, als sich mit dem Gedanken zu befassen, dass die Welt im Stau untergehen wird; sich am freundlichen Lächeln der Dame am Schalter nebenan zu erfreuen, statt sich über die zwanzig Leute, die noch vor uns stehen, zu ärgern. Es geht immer nur um Ihre täglichen 9000 Bilder, vergessen Sie das nie!

Gehen Sie neugierig durch den Alltag: Suchen und entdecken Sie die wunderbaren Details im grauen Einerlei.

Die andere Seite des Unterbewusstseins

Ich möchte Sie an die positive Kraft des Unterbewusstseins erinnern: Haben Sie sich nie gefragt, wie es möglich ist, dass mit der Zeit auch die schlimmsten Ereignisse unseres Lebens an Tragik verlieren, dass die Intensität des stärksten Schmerzes nachlässt, dass wir Menschen nach den schwersten Schicksalsschlägen dennoch wieder den Weg zurück zu unserer Lebensfreude finden?
Wie und wo können die Wunden heilen, wenn nicht in unserem Unterbewusstsein? Tief in uns wird im Laufe der Zeit das Negative und das Schmerzhafte verarbeitet und umgewandelt. Dies bedeutet also, dass im wahren Kern des Menschen etwas verborgen ist, das ihn wieder zum Positiven zurückleitet. Das Unterbewusstsein ist also eine Quelle, eine niemals versiegende Quelle, die uns mit herrlichem und frischem Wasser berieselt, wenn wir sie nur frei fließen lassen.

Wie Sie schwarze Bilder loswerden

Nach all diesen Beispielen zur Kunst des Denkens ist Ihnen wahrscheinlich schon klar geworden, dass unser Gehirn ständig Kontrolle braucht. Es ist manchmal ein Sekundenspiel, und schon wieder ertappen wir uns in düstere Gedanken vertieft. Gleichzeitig kommen dann auch noch negative Erinnerungen in uns hoch, und die bereits angeknackste Stimmung sinkt noch weiter ab. Das »Dunkle« lauert im täglichen Leben allzu oft auf uns – und wir sind uns dieser Gefahr nicht genügend bewusst!

Von nun an soll das nicht mehr so sein! Schwarze Bilder sind Gift für unser Leben, darum müssen sie systematisch aussortiert werden, und zwar wirklich jedes Mal, wenn sie auftreten. Das ist oft gar nicht so einfach zu bewerkstelligen. Auch dieses »Aussortieren« muss gelernt werden!

Nur nicht Nein sagen ...

Erinnern Sie sich bitte noch einmal an das Spiel zur dritten Denkregel, in dem es darum ging, einen Apfel nicht zu sehen (siehe Seite 20)? Der Apfel erschien aber dennoch auf der Gedankenleinwand! Diese Übung veranschaulicht, dass unser Denken das Wörtchen »nicht« auf keinen Fall akzeptiert. Das Gehirn registriert zwar den Inhalt des Befehls, es visualisiert aber den verneinenden Teil der Aufforderung nicht. Wenn wir also einen negativen Gedanken nicht visualisieren wollen oder wenn wir eine schmerzhafte Erinnerung endlich vergessen wollen, so funktioniert dies keinesfalls, indem wir unserem Gehirn den Befehl geben, nicht an dieses Ereignis zu denken, denn dadurch drängt sich dieses Bild erst recht in unsere Gedanken.

Ein einfaches Beispiel dazu: Der Raucher, der sich vornimmt, nicht mehr zu rauchen – und ab sofort nicht mehr an die Zigarette zu denken. Das Bild der Zigarette erscheint mehr denn je in seinen Gedanken. Um den verhassten und doch begehrten Glimmstängel nicht immer vor Augen zu haben, muss er ein anderes Bild visualisieren, etwa eines, in dem er mit Freude den Duft einer Rose tief einatmet und dabei seine Lunge mit Sauerstoff und Energie füllt. Auf die Gedanken kommt es an!

HILFE FÜR DEN ERNSTFALL

Sie werden sich nun vielleicht denken: Ja, diese Techniken helfen mir vielleicht, um meinen ganz normalen Alltag bunt statt grau zu malen – aber was ist mit den wirklich schlimmen Situationen in meinem Leben? Die hier beschriebenen Techniken helfen Ihnen auch in sehr schwierigen Situationen! Mehr dazu lesen Sie ab Seite 111.

Drittes Gebot: Meditiere!

Ihr Unterbewusstsein vor gewissen negativen Einflüssen zu schützen, haben Sie nun schon gelernt. Und Sie wissen, wie Sie Ihr Denken auf die Gegenwart konzentrieren können. Nun kommen wir zum dritten »Denk-Gebot«, zum Heilmittel für die Seele: zur Meditation. Wenn ich von Meditation spreche, werden einige Leser sofort an einsame Mönche und Klöster denken, an Einsiedler, die in entlegenen Grotten ihre Tage in einem tranceähnlichen Zustand verbringen. Die Meditation, von der ich aber spreche, ist eine Form der Entspannung, die in der westlichen Welt mittlerweile von sehr vielen Menschen praktiziert wird, um der eigenen Seele Ruhe und positive Bilder zu schenken. Berühmte Persönlichkeiten – Schauspieler, Musiker, Sportler und Politiker – sprechen offen darüber, dass sie meditieren oder mentales Training praktizieren, um dem Druck ihres Lebens standhalten zu können.

Meditation und mentales Training: Was ist das eigentlich?

Meditation ist in erster Linie ein Weg zur Entspannung. Sie ist aber noch viel mehr als nur eine Form der Entspannung. Beim entspannten Menschen wandern die Gedanken häufig unkontrolliert in die verschiedensten Richtungen. Bei der Meditation und beim mentalen Training hingegen wird unser Denken bewusst auf ganz bestimmte positive Bilder gelenkt.

Es ist also ein aktives und geordnetes Denken, eine Medizin für unsere Seele. Entspannung ist der erste Schritt in jeder Meditation. Was geschieht in unserem Gehirn, wenn es sich entspannt?

Wissenswertes über Ihr Gehirn

In den letzten 50 Jahren hat die medizinische Forschung mithilfe moderner Technologien die unterschiedlichsten Aktivitäten des Gehirns analysiert und erforscht. Dabei entdeckten die Wissenschaftler, dass die linke Gehirnhälfte vor allem für das rationale und analytische Denken zuständig ist. Sie sendet elektrische Impulse mit einer bestimmten Wellenlänge und einer gewissen Geschwindigkeit aus. Diese werden Beta-Wellen genannt. Die Beta-Welle ist sozusagen die Welle, auf der der rational denkende, wache Mensch sendet. Die rechte Gehirnhälfte hingegen ist vorrangig für das kreative und künstlerische Schaffen, für Intuitionen und Gefühle zuständig. Der elektrische Impuls, der von der rechten Gehirnhälfte ausgesandt wird, wird langsamer als die Beta-Welle gesendet. Man bezeichnet dies als Alpha-Welle, die Welle der Entspannung, der Kreativität und der Gefühle. Sie steht in Zusammenhang mit unserer emotionalen Seite. Alpha-Wellen treten meist kurz vor dem Einschlafen und vor dem Aufwachen ein.

ORDNUNG IM GEDANKENCHAOS
Wenn Sie mental bewusst agieren, lernen Sie, Ihre Gedanken besser zu steuern. Stellen Sie sich vor, Sie stehen als Polizist auf der Kreuzung Ihrer Gedanken: Bringen Sie die Raser, Verkehrsrowdies und Drängler unter Kontrolle, dann fließt der Verkehr ruhiger, und es gibt weniger Unfälle.

Während des Schlafens verlangsamt das Gehirn seine Aktivitäten weiter. Die so erzeugten elektrischen Impulse bilden zwei weitere Wellen, die Theta- und Delta-Wellen. Diese können wir, im Gegensatz zu den ersten beiden Wellen, nicht bewusst beeinflussen.

Das Tempo macht's

Die Neuropsychologie hat also erkannt, dass der Mensch sein Gehirn auf zwei verschiedene Arten betätigen kann und dass er über zwei Geschwindigkeiten verfügt, mit denen er entweder schnell, wach und oberflächlich oder aber langsam, entspannt und vertieft denken kann. Neueste Studien sprechen sogar von zwei verschiedenen Gehirnen, einem emotionalen und einem kognitiven. Das eine kontrolliert die Gefühle und die instinktiven Körperfunktionen, das andere reguliert Wahrnehmung, Sprache und Denken. Damit Sie ausgeglichen und gesund sein können, ist ein Gleichgewicht von Fühlen und Denken, also zwischen der rechten und der linken Gehirnhälfte, zwischen gründlichem und raschem Denken sehr wichtig. Leider verliert der Mensch heute diese Balance allzu häufig, da er vorwiegend auf seiner rationalen Beta-Welle lebt. Er verbringt den Großteil des Tages auf rationale Weise, er rechnet und schreibt, analysiert und programmiert. Für die Alpha-Welle, also für Kreativität und Intuition, bleibt dem Erwachsenen nur noch wenig Zeit übrig.

Vielleicht haben wir alle zu wenig Zeit, das Kind in uns zu seinem Recht kommen zu lassen, zu wenig Zeit, um unsere Kreativität und Intuitionen zu leben – also einfach, um in Alpha vor uns hin zu träumen. Das ist fatal, denn jedes Mal, wenn wir uns im Alpha-Zustand befinden, erzeugen wir positive Bilder. Durch die Meditation versetzen wir unser Gehirn in Alpha, wir verlangsamen unser Denken und produzieren positive Bilder. Darum ist Meditation so wichtig! Meditation ist die Heilquelle und die natürliche Medizin unserer Seele. Dieses Wundermittel bekommen Sie nirgendwo zu kaufen. Sie tragen es in sich selbst, und mit kleinem Aufwand können Sie zu jeder Zeit und überall davon Gebrauch machen. Es ist jeden Tag von Neuem ein Geschenk, das Sie sich und Ihrer Psyche machen können.

TERMINE RESERVIEREN
Ihnen fehlt oft die Zeit für Ihre Meditation? Planen Sie sich Ihr »mentales Training« für den kommenden Tag schon am Vorabend fest ein. Behandeln Sie diese geplante Meditation wie einen wichtigen Termin: einen Termin mit sich selbst. Sie können sich darauf freuen – und es kommt nicht in Frage, dass er ausfällt oder verschoben wird!

Meditation praktizieren

Ich möchte jetzt keinen langen Exkurs über Meditationstechniken machen, denn es gibt bereits genügend Bücher darüber. Ob Meditation, mentales und Autogenes Training, Yoga oder Tai Chi: all diese Entspannungstechniken arbeiten auf derselben Grundlage und überschneiden sich vielfach. Ich möchte Ihnen hier jedoch einige praktische Hinweise und Anleitungen für ein paar einfache Meditationsübungen geben.

Was brauchen Sie zum Meditieren?

Zuerst zu den wenigen Voraussetzungen, die Sie für die Meditation schaffen müssen. Wichtig ist vor allem, dass Sie ungestört sind.

DIE SANFTE WELLE ...
Wenn wir auf der Alpha-Welle senden und empfangen, kommt das milde, weiche und nachsichtige Element in uns auf. Dieser Zustand prägt das Kind in uns, das innerste Ich, die Stimme unserer Seele kommt zur Geltung.

Zeit

Zeit ist das Wichtigste beim Meditieren. Glauben Sie jetzt bitte nicht, Sie bräuchten Stunden, um sich von der Außenwelt abzuschirmen! Es können bereits fünf Minuten genügen, die Sie sich selbst widmen und in denen Sie sich bewusst entspannen.

Platz

Sie brauchen einen Platz, an dem Sie für Ihre fünf Minuten wirklich Ruhe haben. Dies kann entweder im Bad sein, im Schlafzimmer, irgendwo in einer ruhigen Ecke in freier Natur oder auch im geparkten Auto.

Eine bequeme Sitzhaltung

Die beste Position beim Meditieren ist der aufrechte Sitz. Dies mag Ihnen vielleicht zunächst etwas unbequem erscheinen, es hat jedoch den großen Vorteil, dass Sie so nicht einschlafen – was im Liegen leichter passieren kann.

Musik

Eine angenehme Hintergrundmusik kann zu einer guten Entspannung beitragen, besonders zu Beginn der Meditation. Es ist vorteilhaft, wenn die Musik immer dieselbe ist. Mit der Zeit erkennt Ihr Gehirn die Melodie und verlangsamt die Denkfrequenz.

Drei Übungen zur Meditation

Ich möchte Ihnen einfache Übungen ans Herz legen, die Sie gleich ausprobieren können. Es handelt sich um drei Grundübungen, mit denen Sie sich im Laufe der Zeit so vertraut machen sollten, dass Sie sie zu jeder Zeit abrufen und anwenden können. Sie sollten Ihnen stets gegenwärtig und praktisch »immer zur Hand« sein – so wie das Aspirin in Ihrer Hausapotheke.

Übung 1: Das Eigenparadies

1 Begeben Sie sich zu Ihrem ruhigen Platz. Wenn Sie sich mit Musik entspannen möchten, so schalten Sie diese jetzt in einer gemäßigten Lautstärke ein.

2 Schließen Sie die Augen, und atmen Sie tief ein und aus.

3 Bei jedem Atemzug stellen Sie sich vor, wie Sie eine Treppe hinuntersteigen. Immer tiefer, Stufe für Stufe, immer tiefer hinunter. Sie gehen einer Lichtquelle entgegen, und je tiefer Sie hinabsteigen, desto heller wird sie. Nach der siebten Stufe stehen Sie direkt vor diesem Licht: einer hell erleuchteten Leinwand. Dies ist Ihre Leinwand, auf die Sie alles projizieren und auf der Sie alles visualisieren können, was Sie möchten.

4 Projizieren Sie jetzt das Bild eines Ortes auf diese Leinwand, der Ihnen besonders gefällt und an dem Sie sich wohl fühlen. Es könnte ein Platz in der Natur sein, zum Beispiel ein Wald, eine Wiese, ein Strand am Meer mit Palmen oder ein verstecktes Plätzchen am Rande eines klaren Baches.

Dieses Bild können Sie nach Ihrem Wunsch so gestalten, wie Sie möchten: schön, beruhigend, entspannend, belebend. Es ist Ihr Eigenparadies, ein Ort, an dem Sie sich wohl fühlen und der nur Ihnen allein zugänglich ist. Konzentrieren Sie sich jetzt auf dieses Bild, sehen Sie sich selbst darin, wie

Romantische Insel, verborgene Felsenhöhle, kuscheliges Lotterbett, verzauberte Lagune oder windumtoster Berggipfel: Wie sieht Ihr ganz persönliches Paradies aus?

Sie glücklich sind, wie Sie entspannt lachen, betrachten Sie alle Details und genießen Sie es. Bleiben Sie bei diesem Bild, solange Sie sich dabei wohl fühlen.

5 Am Ende der Übung atmen Sie einmal tief ein und aus. Sie verlassen jetzt Ihr Eigenparadies und steigen die sieben Stufen wieder hinauf. Auf der obersten Stufe angelangt, öffnen Sie die Augen. Sie befinden sich auf demselben Platz wie vorher und lesen in Ihrem Buch weiter.

Ein Kommentar zu dieser Übung

Vielleicht sagen Sie jetzt: »Na und, was soll das? Soll es mir jetzt etwa besser gehen? Hat sich etwas in mir verändert?«

Ja, vieles hat sich in Ihnen verändert. Hätte ich Sie vor und nach der Übung untersucht, so würde sich sicher zeigen, dass Ihre Herzfrequenz und Ihr Blutdruck nach der Entspannung um einiges niedriger sind als vorher. Die erste Wirkung dieser Übung zeigt also, dass sich Ihr Körper entspannt hat. Weitere physische Veränderungen sind die Entspannung Ihrer Muskeln, Ihres Verdauungsapparates und die Verbesserung der Atmung. Eine Übung von nur fünf Minuten hat große Veränderungen in Ihrem Körper ausgelöst.

Die wichtigste Wirkung dieser Übung ist aber, dass sich die Frequenz Ihrer Gehirnwellen verlangsamt hat und dass Sie sich während dieser Zeit im Alpha-Zustand befunden haben. In Ihrem Gehirn haben Sie eine kleine Nische errichtet, in der Sie sich wohl fühlen, in der Sie sich entspannen und jederzeit Zuflucht finden können, wenn die Außenwelt zu hektisch und unerträglich erscheint.

Dies ist der Zweck dieser Übung und der Projektion Ihres Bildes, das wir als »Eigenparadies« bezeichnen. Wir könnten es auch Schlupfwinkel, Königsburg oder Naturressort nennen. Es ist ein Platz, der nur Ihnen gehört. Sie können ihn immer aufsuchen, auch wenn Sie sich nur ganz kurz entspannen und Ihre Seele mit einem positiven Bild beschenken möchten.

NUTZEN SIE IHRE INNERE QUELLE!

Wenn Sie entspannt sind, träumen, meditieren, dann werden Sie mit frohen Gedanken beglückt, mit neuen Vorstellungen, Eingebungen, künstlerischen Ideen und Inspiration. Alles, wirklich alles, was auf dieser Welt entdeckt und erfunden worden ist, war ursprünglich ein unterbewusst visualisierter Gedanke. Das gilt für jede kleinste Erfindung und Verbesserung im Alltagsleben bis hin zu der großen Intuition, dass die Erde rund sein könnte.

Bereits nach einigen Tagen dieser Übung wird Ihnen das Eigenparadies immer vertrauter erscheinen, und Sie werden es mehr und mehr lieben. Sie werden diesen Platz immer öfter auf Ihre Leinwand projizieren und ihn visualisieren, weil er Ihnen die Ruhe gibt, die Sie brauchen. Mit etwas Übung wird es Ihnen gelingen, Ihr Eigenparadies auch mit offenen Augen zu sehen, so wie ein Kind, das in seine Phantasien versunken vor sich hin träumt. Das Eigenparadies ist unser erster Schritt in die Welt der Meditation und der positiven Visualisierungen.

Übung 2: Das Eigenbild

Bei dieser Übung wiederholen sich Schritt 1 bis 4 aus der vorhergehenden Übung zum Eigenparadies (siehe Seite 89):

1 Begeben Sie sich zu Ihrem ruhigen Platz, wenn Sie mögen, schalten Sie Ihre Musik ein.

2 Schließen Sie die Augen, und atmen Sie tief ein und aus.

3 Bei jedem Atemzug stellen Sie sich vor, wie Sie die Treppe hinuntersteigen, Stufe für Stufe schreiten Sie tiefer, immer tiefer hinunter. Sie gehen einer Lichtquelle entgegen, und je tiefer Sie hinabsteigen, desto heller wird diese. Nach der siebten Stufe stehen Sie vor diesem Licht – einer hell erleuchteten Leinwand. Dies ist Ihre Leinwand, auf welche Sie alles projizieren und auf der Sie alles visualisieren können, was Sie wollen.

4 Visualisieren Sie jetzt Ihr Eigenparadies, an dem Sie sich so wohl fühlen (siehe Seite 89 ff.). Nehmen Sie sich ruhig Zeit und entspannen Sie sich.

5 Sie sehen Ihr Eigenparadies? Sie werden jetzt ein neues Bild auf Ihrer hell erleuchteten Leinwand sehen: Sie werden einen Menschen in Ihrem Eigenparadies sehen, und dieser Mensch sind Sie selbst. Visualisieren Sie sich jetzt so, wie Sie sich selbst am besten finden. Beginnen Sie beim Kopf und projizieren Sie Ihre Haare, die Stirn, die Augen, die Nase und den Mund auf die Leinwand. Betrachten Sie Ihre freudig leuchtenden Augen, Ihre lachenden Lippen, ja: Ihr ganzes strahlendes Gesicht. Betrachten Sie das Schöne in Ihrem Gesicht, fokussieren Sie das, was Ihnen an Ihrem Gesicht am besten gefällt. Dann gehen Sie

POSITIVE EIGENSCHAFTEN
So könnten Sie Ihr Eigenbild in dieser Übung gestalten: schön, gesund, zufrieden, optimistisch, liebevoll, glücklich, ehrlich, fröhlich, entspannt, begeistert, ruhig, gelassen, großzügig.

In Ihrem Privatparadies können Sie ganz entspannt Sie selbst sein – und sich malen, wie Sie sein wollen!

weiter zum Hals, zum Oberkörper, dem Bauch, zu den Armen, Händen, Beinen und Füßen. Nun sehen Sie Ihren ganzen Körper. Wählen Sie die Kleidung, die Ihnen besonders gut steht. Suchen Sie das Beste und das Schönste aus, das, was Sie sich immer gewünscht haben zu tragen. Bewundern Sie sich, wie Sie dastehen: schön und selbstsicher, lächelnd und zufrieden. Sie können Ihre wunderbare Ausstrahlung noch mit weiteren Adjektiven beschreiben (einige Anregungen finden Sie im Kasten auf Seite 91). Setzen Sie diese Worte in Gedanken unter Ihr Bild. Wiederholen Sie die Eigenschaftswörter, und verweilen Sie einige Zeit bei Ihrem Anblick. Genießen Sie ihn!

6 Am Ende der Übung atmen Sie einmal tief ein und aus. Sie verlassen jetzt Ihr Eigenbild und Ihr Eigenparadies und steigen die sieben Stufen wieder hinauf. Bei der letzten Stufe angelangt, öffnen Sie die Augen.

Ein Kommentar zu dieser Übung

Sie werden sich nun vielleicht wieder fragen: »Was soll das mit diesem Ideal- und Traumbild von mir? In Wirklichkeit sehe ich ja gar nicht so aus. Ich kann mich nicht selbst belügen! Ich kenne meine Makel und bin mir ihrer sehr bewusst – besonders jedes Mal, wenn ich in den Spiegel sehe. Da ändert sich also an den Tatsachen nichts!« Und ob sich etwas ändert, lieber Leser. Mit dieser Übung ändert sich sogar sehr viel!

Jeder Mensch hat eine Vorstellung von sich selbst und von seinem Aussehen. Sie tragen in Ihrem Inneren ein Bild von sich selbst, das Sie ausstrahlen. Ein Bild, das schließlich auch die anderen Menschen von Ihnen haben. Es ist der Eindruck, den Sie anderen von sich selbst vermitteln. Jeder Mensch trägt den Ausdruck seiner inneren Zufriedenheit oder Unzufriedenheit im Gesicht. Es gibt Personen, die in der Früh aufstehen und nach einem Blick in den Spiegel verzweifelt zu sich selbst sagen: »Oh Gott, wie sehe ich nur wieder aus! All die Falten im Gesicht! Auch ich werde langsam alt!« Sie sehen nur die eigenen Fehler, und ihr Anblick wird ihnen mit der Zeit immer unerträglicher. Sie sehen nur das Negative an sich.

Sich selbst im Spiegel zuzulachen fällt vielen schwer. »Da gibt es ja nichts zu lachen!« Und so wandert dieses unschöne Bild, das sie von sich selbst haben, immer tiefer ins Unterbewusstsein. Es verstärkt sich mit jedem Tag mehr, so dass sie am Ende ein ganz hässliches, destruktives und negatives Bild von sich herumtragen. Diesen Menschen sieht man meist schon aus der Ferne ihre Enttäuschung und Frustration an. Manchmal verrät auch schon ihre gebeugte und in sich gekrümmte Haltung, wie es in ihnen aussieht. Eine alte Volksweisheit sagt, dass bis zum Alter von 18 Jahren jeder das Gesicht hat, das er von Gott bekommen hat, später hat er das Gesicht, das er sich verdient. Ein strahlendes Gesicht zu haben ist also Ihr eigener Verdienst!

Sagt nicht eines der Zehn Gebote: »Liebe deinen Nächsten so wie dich selbst!« Dieses so wahre Gebot vergessen wir leider allzu oft, besonders jenen Teil des »Sich-selbst-Liebens«. Genau da müssen wir beginnen! Wir müssen zuerst uns selbst lieben, um die Liebe unseren Mitmenschen weiterzugeben und um auch andere wirklich lieben zu können!

Voraussetzung dafür ist, dass wir uns selbst akzeptieren, dass wir auch unser Äußeres akzeptieren, unseren eigenen Körper lieben und uns auf das Schöne an ihm konzentrieren. Die Übung des Eigenbildes hilft Ihnen dabei sehr!

Schönheit ist keine objektive Realität, sondern ein subjektives Bild dessen, was wir in uns konstruiert haben. Wenn Sie morgens in den Spiegel schauen und immer nur dieselben Falten an Ihren Wangen bemängeln, so ist das Gesamtbild, das Sie von sich selbst haben, negativ. Und dieses negative Bild, das Sie von sich in Ihrem Inneren tragen, das strahlen Sie so stark aus, dass es sich sogar auf die Leute überträgt, die Ihnen begegnen, und auch diese sehen dadurch nur Ihre Falten. Versuchen Sie doch einmal,

WAS IST SCHÖNHEIT?

Schönheit ist für uns das, wovon wir glauben, dass es anderen Menschen gefällt; das, was von einer Mehrheit an einem bestimmten Ort und zu einer gewissen Zeit als »schön« bezeichnet wird. Aber solche Ideale wandeln sich ständig und sind individuell sehr verschieden! Objektive Schönheit gibt es nicht.

DIE MACHT DES INNE-REN SELBSTBILDES

Der amerikanische Schön-heitschirurg Maxwell Maltz kennt das Problem des Ei-genbildes: Er erzählt von Patienten, die ihre Nasen-form korrigieren lassen und trotz eines exzellenten Re-sultates unzufrieden sind. Äußerlich haben sie sich verändert, innerlich aber haben sie ihr Eigenbild nicht angepasst. Das heißt, trotz gelungener Operation und neuer Nase tragen sie immer noch das Bild der alten Nase in sich und be-halten ihren Komplex bei.

sich im Spiegel anders zu sehen! Betrachten Sie Ihre leuchtenden Augen und Ihre lachenden Lippen! Nach einigen Tagen werden Sie bemerken, dass sich etwas geändert hat, dass Sie sich auf ein-mal besser gefallen, dass Sie sich auf andere Art und Weise be-trachten und sich deshalb auch anders sehen.

Sie werden sehr bald schon bemerken, dass Sie sich selbst mehr mögen, dass Ihnen die Arbeit leichter von der Hand geht, dass Sie mit Ihren Mitmenschen besser zurechtkommen, dass Sie mit Ihrem Partner besser harmonieren, dass Ihnen einfach alles leich-ter fällt. Meditation und die Übung zum Eigenbild helfen Ihnen dabei in hohem Maße. Wenn Sie sich in der Visualisierung schö-ner sehen, so tragen Sie dieses schönere Bild in sich. Sie werden mit einer Ausstrahlung in Ihrem Leben auftreten, die bald jeder in Ihrer Umgebung wahrnimmt.

Übung 3: Die Problemlösung

Schritt 1 bis 4 wiederholen sich wie in der Übung 1 zum Eigen-paradies (siehe Seite 89 f.).

1 Begeben Sie sich zu Ihrem ruhigen Platz, und wenn Sie mögen, schalten Sie Ihre Musik ein.

2 Schließen Sie die Augen, und atmen Sie tief ein und aus.

3 Bei jedem Atemzug stellen Sie sich vor, wie Sie die Treppe hi-nuntersteigen, Stufe für Stufe schreiten Sie tiefer, immer tiefer hinunter. Sie gehen einer Lichtquelle entgegen, und je tiefer Sie hinabsteigen, desto heller wird diese. Nach der siebten Stufe stehen Sie vor diesem Licht – einer hell erleuchteten Leinwand. Dies ist Ihre Leinwand, auf welche Sie alles projizieren und auf der Sie alles visualisieren können, was Sie wollen.

4 Visualisieren Sie jetzt Ihr Eigenparadies, an dem Sie sich so wohl fühlen (siehe Seite 89 f.). Nehmen Sie sich ruhig Zeit und entspannen Sie sich.

5 Treten Sie wieder vor Ihre Leinwand und betrachten Sie Ihr Ei-genbild, Ihre eigene Person im Eigenparadies, die Sie jetzt be-wundern. Nun gehen Sie einen Schritt weiter. Visualisieren Sie sich – also Ihr Eigenbild – in eine Situation Ihres Alltag. Wäh-len Sie eine Situation, die Sie herausfordert (siehe die folgen-

Holen Sie sich Ihre Paradies-stimmung in den Alltag: Das macht Sie stark und glücklich.

den Beispiele). Analysieren Sie diese Situation, und stellen Sie sich dann vor, wie Sie Ihre Schwierigkeiten perfekt meistern und wie Sie das Problem, das diese Situation für Sie enthält, ganz einfach lösen. Malen Sie sich alles ruhig detailliert aus: Der Erfolg dieser Übungen ist umso größer, je genauer Sie alle Details der Situation visualisieren.

Beispiel 1
Sie müssen aus beruflichen Gründen jemanden aufsuchen, den Sie absolut nicht ausstehen können. Visualisieren Sie sich, wie Sie professionell und sachlich mit dieser Person reden, wie Sie nett und höflich mit ihr umgehen.

Beispiel 2
Sie müssen vor einem großen Publikum, darunter zahlreiche Bekannte, eine Rede halten und sind schon sehr aufgeregt. Sie visualisieren sich nun, wie Sie eine sehr gute Rede halten, wie die Leute Ihnen aufmerksam und interessiert zuhören und am Ende Beifall klatschen.

INDIVIDUALITÄT MACHT SCHÖN

Im Alltag sehen wir oft Menschen, die wie Models aussehen, aber an denen uns dennoch etwas nicht gefällt. Dann wiederum sehen wir Menschen, die nicht dem aktuellen Schönheitsideal entsprechen, aber eine Ausstrahlung besitzen, die sie schön erscheinen lässt. Schönheit ist also eng mit dem inneren Zustand, dem Seelenleben, mit dem Bild, das wir von uns selbst in uns tragen, verbunden.

Beispiel 3

Sie haben Angst, mit dem Flugzeug zu fliegen. Sie visualisieren sich, wie Sie ruhig und entspannt im Flugzeug sitzen und Ihr Mittagsmenü genießen, während die Stewardess Ihnen Kaffee nachschenkt.

Beispiel 4

Sie müssen zum Arzt und sind aufgeregt. Sie visualisieren sich bei einem ruhigen und positiven Gespräch mit Ihrem Arzt.

6 Am Ende der Übung atmen Sie einmal tief ein und aus. Sie verlassen jetzt Ihr Eigenbild und Ihr Eigenparadies und steigen die sieben Stufen wieder hinauf. Auf der letzten Stufe angelangt, öffnen Sie die Augen – Sie sind wieder im Hier und Jetzt.

Ein Kommentar zu dieser Übung

Der eine oder andere von Ihnen wird jetzt vielleicht den Einwand erheben, dass es zwar mental ganz einfach wäre, sich alles positiv vorzustellen, im Flugzeug aber ist die Angst vor dem Fliegen eine Realität, und da helfe in dem Moment dann keine Meditation. Vielleicht haben Sie Recht, vielleicht aber auch nicht! Darum möchte ich Sie auffordern, gleich den nächsten Abschnitt zu lesen, in dem es um eine ganz besondere Eigenschaft unseres Gehirns und unseres Denkvermögens geht.

Entspannt auf den richtigen Denkweg

Durch unsere ersten Meditationsübungen haben wir erkannt, dass eine körperliche Entspannung und ein Umschalten der Gehirnwellen von Beta auf Alpha, durch die Visualisierung eines imaginären Bildes, wie zum Beispiel des Eigenparadieses oder einer friedlichen Szene der Natur, möglich ist. Die Entspannung, die Sie durch das bloße Visualisieren eines von Ihnen erdachten Bildes erreichen, wirkt sich auf Ihren Körper und Ihr gesamtes Wohlbefinden aus. Durch die Projektion von positiven und harmonischen Bildern auf Ihre innere Leinwand können Sie Ihren Kreislauf, den Herzschlag und den Blutdruck harmonisieren. Das

REGELMÄSSIG ENTSPANNT

Mentales Training stärkt den Erfolg in allen Bereichen des Lebens. Deshalb sollte es zu einer regelmäßigen Gewohnheit in Ihrem Tagesablauf werden.

heißt also, dass der Körper auf Impulse des Gehirns reagiert, von denen er nicht unterscheiden kann, ob sie aus der Realität oder aus der Vorstellung stammen.

Wenn wir uns also zum Beispiel intensiv einen Strand mit Palmen vorstellen, so reagiert unser Körper darauf genau so, als wären wir wirklich an diesem herrlichen Strand – selbst wenn wir in unserem Wohnzimmer sitzen und es draußen schneit oder in Strömen regnet. Sie zweifeln an dieser Eigenschaft Ihres Geistes? Erinnern Sie sich doch einmal an Nächte, in denen Sie schweißgebadet und mit Herzklopfen erwacht sind, nur weil Sie etwas Furchtbares geträumt hatten. Ihr Körper hatte den Traum als Realität empfunden.

DIE 10. DENKREGEL
Gedachte Bilder und Vorstellungen wirken auf den Körper und das Befinden genau so, als hätte man die gedachten Dinge wirklich erlebt!

Die zehnte Regel unseres Denkens

Der Körper unterscheidet nicht zwischen Realität und Imagination, zwischen wirklich Erlebtem und Gedachtem. Deshalb haben die positiven Visualisierungen der Meditation eine so starke Auswirkung auf unseren Körper. Immer mehr Menschen greifen zum Hilfsmittel der Meditation und des mentalen Trainings, um den Alltag besser bewältigen zu können. In den verschiedensten Bereichen wird das »Denken in Alpha« angewandt, um erfolgreich zu sein.

Denken wir zum Beispiel an den Sport: Viele Spitzensportler setzen mentales Training ein, um ihre körperlichen Leistungen zu steigern. Wenn wir einen Skiläufer vor dem Rennen beobachten, so sehen wir, wie er vor dem Start mit geschlossenen Augen und leichten Körperbewegungen in der Hocke steht und mental die ganze Rennstrecke durchläuft. Im Kopf des Skifahrers spielt sich genau das Gleiche ab, was Sie in Ihren Meditationsübungen machen. Er denkt sich in den Abfahrtslauf hinein, so als würde er wirklich fahren. Er konzentriert sich auf das Bild, das Rennen optimal zu fahren, auf das Gefühl des Gewinnens. Dabei entstehen Emotionen, die den Körper mitreißen, als würde er das Rennen wirklich bestreiten. Durch dieses mentale Training bereitet sich ein Sportler auf die Realität vor. Den Abfahrtslauf gewinnt er nicht mit den Beinen, sondern mit dem Kopf.

Die Kehrseite der unterbewussten Macht

So wie Sie Ihr Unterbewusstes positiv programmieren können, gelingt es vielen von uns auch umgekehrt: Es gibt viele verschiedene Leiden und Beschwerden, die wir Menschen in unser Leben einplanen. Da gibt es Menschen, die bei Vollmond schlaflose Nächte verbringen, weil sie schon im Voraus »wissen«, dass es so sein wird, Unternehmer, die ihre bevorstehenden Kreuzschmerzen schon vorausahnen, weil sie am Nachmittag eine heftige Auseinandersetzung mit einem ihrer Mitarbeiter hatten. Menschen programmieren sogar Panikattacken und Angstzustände dadurch voraus, dass sie sich in eine Situation hineinsteigern, in welcher sie dann versagen. Sie sehen sich zum Beispiel in einem engen und geschlossenen Raum zusammen mit vielen Leuten, die Nähe der Menschen beengt sie, sie werden bewusstlos und fallen um. Es handelt sich dabei meist um eine ungewollte Entwicklung, die durch eine einmalige negative Erfahrung ausgelöst wurde. Es kann zum Beispiel passieren, dass jemand aufgrund einer Stresssituation oder einer Kreislaufschwäche plötzlich irgendwo in der Öffentlichkeit zusammenbricht. Dies kann jedem von uns passieren, auch wenn es unangenehm und peinlich ist. Auf dieses Ereignis kann man nun auf zwei Arten reagieren: Entweder man erkennt seine momentane Situation, akzeptiert die eigenen Schwächen und macht sich nicht viel daraus. Oder man bekommt Angst und denkt schon mit Besorgnis an das nächste Mal, wo einem dasselbe wieder passieren könnte. Diese zweite Reaktion führt aber in die falsche Richtung und lässt aus dem kleinen Zwischenfall ein großes Problem entstehen. Die Befürchtung, eine ähnliche Situation wieder nicht zu meistern, baut sich zu einer dauerhaften Panikvorstellung im Gehirn des Menschen auf. Der Gedanke, wiederum vor allen Leuten zusammenzubrechen, wird zu einer Zwangsvorstellung, einer Meditation ins Negative, die letztendlich mit großer Wahrscheinlichkeit dazu führt, dass der Körper dem Befehl des Gehirns folgen wird: Der Mensch kollabiert erneut in der Öffentlichkeit, und er meidet es immer mehr, überhaupt wieder unter Leute zu gehen. Er geht zum Psychiater, um seine Angst und seine Panikattacken in den Griff zu bekommen. Sein Programm der Besorgnis und der Ängste, aus dem er jetzt allein nicht mehr herauskommt, hat er selbst gestartet. Auch daran sehen wir also, dass unser Vorstellungsvermögen Situationen im positiven oder negativen Sinn beeinflussen kann. Unser Körper reagiert stillschweigend auf die vom Gehirn ausgestrahlten Impulse und Bilder, ohne Zutun unseres Willens. Es ist manchmal verblüffend, wie weit die Kraft der Gedanken unseren Körper bringen kann.

Wie wir uns selbst programmieren

In diesem Zusammenhang habe ich im Laufe meiner 25-jährigen Berufstätigkeit zahlreiche Erfahrungen gemacht, die ich vom medizinischen Standpunkt aus als ziemlich eigenartig oder »mysteriös« bezeichnen möchte. Ich erinnere mich da an einen Patienten, der behauptete, er könne am Abend erst nach drei Tassen Kaffee einschlafen, ansonsten müsse er ein Schlafmittel einnehmen. Ein anderer Patient nahm seit Jahren eine Vitaminpille zu sich, in der Annahme, es handle sich um ein blutdrucksenkendes Mittel. Er versicherte mir, dass seither sein Blutdruck normal sei. Als ich dann dieses Präparat durch ein wirklich blutdrucksenkendes Medikament ersetzte, stieg sein Blutdruck an.

Geschichten wie diese hört und liest man täglich: Der termingestresste Mensch »wartet« bis zum Urlaub, um krank zu werden, weil er es sich erst dann erlauben kann; ein Patient heilt nach einer Gallenoperation viel rascher und braucht weniger Schmerzmittel, weil sein Stationszimmer Ausblick auf eine grüne Landschaft hat statt auf die Ziegelmauer eines Parkplatzes; die schwer kranke Witwe arbeitet und hält so lange am Leben fest, bis die Tochter das Universitätsstudium beendet hat … Solche und viele andere Geschichten, wie sie jeder schon einmal gehört hat, beschreiben den Einfluss des Geistes auf den Körper. Auch wenn sie die Grenze des Erklärlichen oft überschreiten, sind sie ein klarer Beweis dafür, dass in unserem Geist, in unserem Unterbewusstsein ein Potenzial steckt, das eine unendliche Kraft besitzt, eine Kraft, die aus uns selbst kommt, die Kraft der Gedanken – der Gedanken, die Berge versetzen!

WEG FREI FÜRS GLÜCK

In unserem Gehirn ist ein unendliches Potenzial vorhanden, das die Welt mit positiven und neuen Ideen beschenken kann. Wenn Sie es nicht mit dunklen Gedanken blockieren, es frei und entspannt funktionieren lassen, dann macht das Unterbewusstsein Sie zu dem, wozu Sie von Geburt an bestimmt waren: zu einem glücklichen Menschen!

Gesund gedacht –
wie Sie durchhalten

Aufgrund bestimmter Gewohnheiten entwickelt jeder Mensch eine ganz individuelle Art, die Welt zu sehen. Das haben Sie in diesem Buch bereits gelesen – und sicher haben Sie sich ab und an dabei gefragt, wie Sie es schaffen können, solche fest eingefahrenen Gewohnheiten zu ändern. Es ist nicht einfach. Aber es ist auch nicht so unglaublich schwierig, wie man sich gern selbst einredet – und daraufhin von vornherein resigniert jede Änderung verweigert.

Wie funktionieren Gewohnheiten?

Bei allen Tätigkeiten, die gewohnheitsmäßig passieren, denken Sie gar nicht mehr nach, sondern handeln automatisch auf der Basis konditionierter Reflexe.

Der russische Verhaltensforscher Pavlov zeigte dies zum ersten Mal anhand eines Versuchs bei Hunden auf. Als er den Tieren ihr gewohntes Futter vorsetzte, bemerkte er eine erhöhte Speichelproduktion in ihrem Maul. Außerdem schaltete Pavlov gleichzeitig mit dem Erscheinen des Futternapfes auch ein rotes Licht ein. Nach 21 Tagen, an denen Fressen und rotes Licht gleichzeitig erschienen, versuchte er plötzlich das Futter wegzulassen und nur das rote Licht einzuschalten. Er bemerkte dennoch die erhöhte Speichelsekretion. Die Hunde hatten das Futter an das rote Licht gekoppelt, auch wenn das Fressen ausblieb. Diese Beobachtungen Pavlovs bei Hunden lassen sich analog auch bei uns Menschen machen: Wir lenken auf diese Art unsere Autos! Kein Mensch, der bereits seit längerer Zeit mit dem Auto fährt, muss sich zum Beispiel beim Gangwechsel darauf konzentrieren, die Kupplung zu drücken. Es passiert automatisch!

Neue Gewohnheiten – in drei Wochen schon

Wir kommen damit zur letzten Regel unseres Denkens, zur Gewohnheits- oder auch 21-Tage-Regel. Sicher erscheint es Ihnen verblüffend und vielleicht fällt es Ihnen schwer, es zu glauben, aber tatsächlich gilt: Wenn Sie 21 bis 30 Tage lang eine bestimmte Tätigkeit oder Bewegung regelmäßig ausführen, so wird diese in Ihrem Unterbewusstsein gespeichert, und Sie machen den Handgriff oder die Bewegung von nun an automatisch, ohne darüber nachzudenken. Das ist die Regel der konditionierten Reflexe, die in jedem von uns angelegt sind. Und wir Menschen sind nicht nur physisch, sondern auch psychisch konditionierbar.

MALEN SIE IHRE GEDANKEN-BILDER SORGSAM WIE EIN KÜNSTLER!

Sie ahnen nun vielleicht schon, welche Auswirkungen das kontinuierliche »Malen« des immer gleichen schlimmen Bildes haben kann – also wie rasch sich ein immer wieder gedachter Gedanke, eine fixe Idee als starkes Bild in Ihrem Unterbewusstsein verhakt und Ihre Psyche beeinflusst: Es kann sich zu einer regelrechten Zwangsvorstellung weiterentwickeln, im schlimmsten Fall zu einer Horrorvision, die Sie nicht mehr loslässt.

Jedes Bild, gleich ob positiv oder negativ, das Sie 21 Tage lang visualisieren, wird in Ihrem Unterbewusstsein so gespeichert, dass Sie sich nach einiger Zeit nur noch schwer davon trennen können. Auf diese Weise ist es durch mentales Training möglich, gewisse konditionierende Reflexe und Gedankenmuster durch positive Bilder wieder zu korrigieren. Nach 21 Tagen, an denen Sie mindestens einmal täglich für einige Minuten Ihr Eigenparadies (siehe Seite 89 ff.) visualisiert haben, ist es möglich, dass Sie sich bereits nach einem kurzen Gedanken an Ihre Idylle, auch mit offenen Augen, beruhigen und entspannen können. Wenn Sie 21 Tage lang Ihr Eigenbild visualisieren, so werden Sie eines Morgens vor dem Spiegel stehen und sich selbst bewundern. Sie werden sich tatsächlich schön und attraktiv finden, und Sie werden Ihrem Spiegelbild zulächeln, weil Sie sich wirklich gefallen. Und nach 21 Tagen der Visualisierung Ihrer Problemlösung sitzen Sie entspannt im Flugzeug und lachen der Stewardess zu, ohne jegliche Flugangst.

Der Selbstversuch

Ja, lieber Leser, Sie werden jetzt vielleicht denken, dass dies alles nicht so einfach sein kann. Doch ich versichere Ihnen aus eigener Erfahrung, dass es wirklich so ist.

Als ich zum ersten Mal in einem Kurs mit diesen Regeln vertraut gemacht wurde, war ich sehr skeptisch. Auch mir wurde damals gesagt, ich sollte nicht nur blind an diese 21-Tage-Regel glauben, sondern sie ausprobieren. Äußerst ablehnend ging ich nach Hause, überzeugt, dass dieser alternative Meditations-Schmäh eher etwas für Geisteskranke als für »normale« Menschen sei. Trotzdem versuchte ich eine Übung zur Problemlösung. Da uns im Kurs geraten wurde, mit einem unbedeutenden Problem zu beginnen, beschloss ich, eine alte schlechte Angewohnheit anzugehen: Zwanzig Jahre lang hatte meine Mutter vergebens versucht, mir die Unart auszutreiben, meine Zahnbürste nach dem Zähneputzen am Rand des Waschbeckens liegen zu lassen, anstatt sie in den Becher unter den Spiegel zu stellen.

Mit viel Mühe und wenig Freude visualisierte ich einmal am Tag mit »Ach und Krach« mein Zähneputzen. Ich sah mich: wie ich

Geschafft! Wetten, dass Sie nach 21 Tagen der Sieger über jede beliebige schlechte Marotte sind?

am Ende der Prozedur meine abgeschwenkte Zahnbürste schön brav in den Becher stellte und diesen dann auf die Ablage unter den Spiegel. Ich war sehr gespannt, was nach 21 Tagen geschehen würde. Als ich am Morgen des fünften Tages noch halb im Schlaf und mit den Gedanken anderswo im Bad stand, sah ich nach dem Zähneputzen plötzlich, dass meine saubere Zahnbürste im Becher unter dem Spiegel stand! Im ersten Augenblick stand ich erschrocken da. Das Ganze erschien mir irgendwie unheimlich. Es stimmte also doch, was die im Kurs erzählt hatten! Es war mein Unterbewusstsein, das sich eingeschaltet und gehandelt hatte, und das nach nur fünf Tagen der Visualisierungsübung!

Ab diesem Moment der Erkenntnis veränderte sich mein Leben. Ich wurde mir plötzlich dieser Kraft und Energie bewusst, durch die ich mein Leben und meine Erfolge beeinflussen konnte und von der ich ab diesem Zeitpunkt immer mehr Gebrauch machte. Ich begann mich ernsthafter mit Meditation, mentalem Training und Visualisierung zu beschäftigen.

Ich visualisierte meine bevorstehenden Prüfungen an der Universität und bestand sie mit gutem Erfolg. Ich visualisierte das Verhältnis zu meinem Vater, das unter meinen störrischen Jugendjahren sehr gelitten hatte, und wir wurden zu wahren Freunden. Ich visualisierte die Lösung von Problemen, die mich seit Jahren mehr oder weniger belastet hatten, und ich schaffte es, Schritt für Schritt, diese zu überwinden.

In den 30 Jahren nach meinem Zahnbürsten-Erfolgserlebnis ist es mir durch diese einfache Übung gelungen, sehr viele Ziele zu erreichen, Träume zu realisieren und Schwierigkeiten zu meistern. Und ich arbeite immer noch an meinem Eigenbild. Ich suche immer noch gerne mein Eigenparadies auf, und ich visualisiere immer wieder neue Lösungen für Probleme, die mir das tägliche Leben stellt.

GU-ERFOLGSTIPP

Probieren Sie es gleich aus: Nehmen Sie sich noch heute eine schlechte Angewohnheit vor, die Sie schon immer loswerden wollten. Wichtig: Es soll etwas sein, was Sie zwar nervt, aber auch nicht zu bedeutsam für Sie ist: die nicht zugeschraubte Tube Zahnpasta, die 5 Minuten, die Sie grundsätzlich zu spät zu einer Verabredung losgehen ... Visualisieren Sie zweimal täglich ein Bild, das Sie als Sieger über den kleinen Alltagsquälgeist zeigt, malen Sie es sich wirklich anschaulich aus: Wie Sie die Tube schließen, wie Sie pünktlich zu einem Termin starten ... Drei Wochen später die Erfolgskontrolle: Sind Sie die schlechte Angewohnheit los?

STARK DENKEN – IN JEDER SITUATION

Optimistisch denken ist wichtig. Geradezu existenziell aber ist es am Anfang des Lebens, also für Kinder. Und im späteren Leben kann es uns aus schweren Krisen retten.

Kinder – die glücklichen Denker

NOCH MEHR ERZIEHUNGSWISSEN
Reichlich Anregungen zu Erziehungsfragen finden Sie in den Literaturempfehlungen auf Seite 124 f.

Hurra, es regnet! Wann haben Sie das letzte Mal so etwas gedacht? Sich einfach nur über einen Stein, einen Käfer, ein Bonbon freuen können? Kinder können das mit der Begeisterung und dem Optimismus des Anfängers.

Wie Kinder denken lernen

Alles, was Sie bereits über Denkvorgänge beim Erwachsenen in diesem Buch gelesen haben, trifft ebenso für Kinder zu. Tatsächlich ist das kindliche Unterbewusstsein jedoch noch viel aufnahmefähiger und sensibler: Ihre Denkvorgänge laufen noch zu 90 Prozent im Alpha-Zustand ab. Bei Erwachsenen sind es nur noch 30 Prozent. Kinder erfahren die Welt spielend, träumend, tastend. Und jedes Bild wirkt nachhaltiger und stärker als bei uns, da es in einem noch fast leeren Speicher abgelegt wird. Deshalb ist es so wichtig, dass Sie Ihren Kindern möglichst vielseitige, aber qualitativ gute geistige Anreize bieten. Was heißt das? Nicht kurze, schnelle, verwirrende Reize, die ein Kinderhirn nicht einordnen kann, sind gefragt. Sondern Eindrücke, die sich wiederholen. Die ein Kind in seine Welt der Gedanken-Bilder einordnen kann.

Wie Sie mit Ihrem Kind denken

Um zu lernen, braucht ein Kind Futter, Zutaten für seine Suppe, die jetzt schon im Unterbewusstsein angerichtet wird (siehe Seite 31). Gute Zutaten zu servieren – das ist Ihre Aufgabe als Eltern. Aber Vorsicht: Das müssen nicht die teuren, wichtigen, kurz: diejenigen sein, die Ihnen schmecken. Beobachten Sie Ihr Kind: Wofür begeistert es sich? Was bringt Ihr Kind zum Lachen? Wodurch wird es berührt, angesprochen, wovon fasziniert?

Was ein Kind wirklich braucht

Neben gutem Denkfutter braucht Ihr Kind vor allem drei weitere Zutaten, die seinen Start ins Leben unterstützen: Liebe, Sicherheit und Freiheit. Das liest sich simpel – Eltern wissen, wie schwierig es sein kann, diese drei Zutaten richtig zu dosieren.

Verschenken Sie Ihre Liebe

Wenn Sie Ihrem Kind Liebe zeigen möchten, schenken Sie ihm Ihre Aufmerksamkeit. Das mag banal klingen. Aber wie oft lesen wir die Zeitung, führen noch ein Telefonat mit einem Bekannten, müssen dringend die Küche putzen und schließlich die Nachrichten sehen … Halten Sie ab und an bewusst inne, und fragen Sie sich, was in diesem Moment wirklich wichtiger ist: Nachrichten wird es auch in 100 Jahren noch geben. Ihr Kind, das mit Ihnen spielen will, wird viel früher nicht mehr Teil Ihres Alltags sein.

KURZE KINDHEIT
Leider beginnt auch bei Kindern in immer früherem Alter die Tendenz zum überwiegend rationalen Denken und zum Leben in Beta. Allzu früh wird das Gehirn unserer Kinder zu einer Denkmaschine umerzogen. Die kostbare Zeit, in der wir wirklich Kind sein dürfen, wird immer kürzer.

TIPP: Zeit zum Spielen

Schaffen Sie sich Rituale, Inseln im Alltag, auf denen Sie mit Ihrem Kind das Leben genießen: Spielen Sie! Nichts ist schöner und sinnvoller für ein Kind, als zu spielen. Und Sie selbst werden davon profitieren: Das, was Sie mit Entspannungsübungen und aufwendigen Hobbys erreichen möchten, gelingt auch, wenn Sie sich auf Ihr Kind und seine Welt einlassen: Entdecken Sie das Gefühl wieder, völlig in diesem Augenblick aufzugehen.

Studien haben ergeben, dass Paare miteinander täglich nur wenige Minuten wirklich reden – ähnlich sieht es in Familien aus. Aufmerksamkeit füreinander, miteinander reden, Ihrem Kind zuhören, seine Fragen beantworten: Wie oft nehmen Sie sich dafür Zeit? Wie oft spielen Sie mit Ihrem Kind?

Mit Kindern sprechen

Alles, was Sie über positive Kommunikation gelesen haben (siehe Seite 74 f.), gilt auch im Umgang mit Kindern. Geben Sie Ihrem Kind das Gefühl, richtig zu sein, so wie es ist. Sie beeinflussen in diesen ersten Lebensjahren sehr stark das Eigenbild Ihres Kindes. Statt Urteilen und unbedachten Worten hilft ein positives, liebevolles Feedback Ihrem Kind, sich zu entwickeln. Wenn es zum Beispiel hinfällt, versehentlich etwas kaputtmacht oder ihm etwas misslingt, so sagen Sie am besten: »Es ist ja nichts Schlimmes passiert« oder »Versuch es ruhig noch einmal, diesmal geht es bestimmt schon etwas besser!«.

Das Spiel mit Grenzen und Freiräumen

Sie lesen es in jedem guten Erziehungsratgeber: Wesentlich an der Erziehung ist es, dass ein Kind sowohl Grenzen als auch Freiheit kennt. An dieser Stelle deshalb nur einige grundlegende Worte dazu: Im Idealfall sollte es Ihnen als Eltern gelingen, in den ersten Lebensjahren Ihren Kindern Sicherheit zu vermitteln – durch eine liebevolle Konsequenz in der Erziehung, die Grenzen zum

BEWUSST VORLEBEN
Als Eltern sollten Sie Ihrem Kind Vorbild sein – es lernt anfangs vor allem durch Nachahmung. Gerade das optimistische Denken und Handeln können Sie ihm vorleben – und so vermitteln.

Schutz Ihres Kindes setzt. Im Laufe der Jahre sollte es dann immer mehr möglich sein, Freiheiten zu gewähren und Ihr Kind so Schritt für Schritt loszulassen.

Wovor Sie Ihr Kind schützen müssen

Kinder leben im Augenblick, sind völlig konzentriert, denken in Alpha-Wellen (siehe Seite 86 f.) – und doch: Lehrer beklagen sich immer häufiger über mangelnde Konzentration und Aufmerksamkeit während des Schulunterrichts. Immer wieder geht es um neue Krankheiten, unter denen Kinder heute schon leiden: Eine der bekanntesten ist ADS, das Aufmerksamkeitsdefizit-Syndrom. ADS wird angeblich durch eine technologisch geförderte permanente Reizüberflutung ausgelöst und führt dazu, dass ein Kind sich nur noch über sehr kurze Zeitspannen konzentrieren kann. Viele Schüler sind heute nicht mehr imstande, für längere Zeit ruhig zu sitzen und den Lehrern zuzuhören. Sie sind nervös und lassen sich leicht von etwas anderem ablenken. Der Grund: Bereits das Kinderhirn ist für seine Verhältnisse schon überfüllt und weigert sich, Neues aufzunehmen. Das darf uns nicht wundern, wenn wir bedenken, wie viele Stunden Kinder und Jugendliche mit ihren

IN INNIGEM KONTAKT BLEIBEN

Je intensiver Sie mit Ihrem Kind Zeit verbringen, je näher Sie ihm und seiner Welt sind, umso leichter wird es Ihnen fallen, es geduldig und liebevoll zu erziehen.

FERNSEHEN: NICHTS FÜR DIE KLEINEN

Kinder, die im Alter zwischen einem und drei Jahren fernsehen, entwickeln mit sieben Jahren häufig Verhaltensauffälligkeiten – das ergab eine Studie des Children Hospital and Regional Medical Center in Seattle. Zu den häufigsten dieser Verhaltensstörungen zählt ADS (Aufmerksamkeitsdefizit-Syndrom). Die Studie hat ergeben, dass Fernsehkonsum die Hirnentwicklung offensichtlich stark beeinflusst. Die Forscher kommen zum Schluss, dass Kinder unter zwei Jahren generell nicht vor der Flimmerkiste sitzen sollen. In den folgenden Jahren sollen Eltern den TV-Konsum genau in der Hand behalten. Das heißt, Eltern sollen unbedingt geeignete Sendungen bewusst auswählen und danach mit den Kindern gemeinsam das Gesehene besprechen.

Augen am Bildschirm des Computers oder des Fernsehers hängen. Ich bin jedes Mal aufs Neue erstaunt, wenn ich sehe, wie schnell und sicher sie die neuen Technologien der Informatik beherrschen. Ich bewundere sie, mit welcher Geschicklichkeit sie den Computer benützen oder mit dem Handy SMS verschicken. Der Fortschritt hat es bereits möglich gemacht, über das Handy die normalen Fernsehprogramme zu verfolgen. Während dies für die Informatik nur eine weitere technische Errungenschaft ist, stellt es für unsere Kinder einen verstärkten mentalen Stress und einen daraus resultierenden zusätzlichen Konzentrationsverlust dar. Besonders schlimm finde ich das zunehmende Angebot an Videospielen für Kinder und Jugendliche. Manche dieser jungen Menschen sitzen täglich stundenlang davor und verpassen ihr eigentliches Leben. Darum meine Empfehlung: Weniger an Aufregendem, Neuem ist besser! Vor allem: Weniger, dafür aber konzentrierter und bewusster, ist besser!

Sind das die richtigen Zutaten?

Welche Bilder kann ein Kind überhaupt verkraften, ohne dass seine Seele verwundet wird? Die Antwort darauf finden manche Eltern erst, wenn sie beobachten, dass auf einmal mit ihrem Kind etwas nicht mehr stimmt. Sie gehen zum Arzt oder zum Kinderpsychologen, weil das Kind nicht mehr zu Bett gehen will, weil es in der Nacht aufschreit, weil es wieder mit dem Bettnässen beginnt, weil es Angstzustände verspürt, weil es hyperaktiv, unkonzentriert oder auch gewalttätig geworden ist. Kinder bekommen zum Beispiel Angst vor dem Fliegen, und Eltern wissen nicht mehr, was sie mit ihrer bereits gebuchten Bali-Reise anfangen sollen. Später dann, in der Pubertät, bekommen besonders Mädchen häufig Probleme mit ihrem Körper und dem Essen; sie werden magersüchtig, weil ihre Formen nicht denen der perfekten Idealfrau am Bildschirm entsprechen. Bedauerlicherweise kann es sogar so weit kommen, dass Kinder die Gewalt und Grausamkeit nachahmen, die sie in den verschiedenen Fernsehsendungen wie ein Spiel erlebt haben. Aber dieses Thema ist uns allen bereits bekannt!

LIEBEVOLL ERZIEHEN
Loben Sie, wenn Ihr Kind etwas gut macht: So verstärken Sie gewünschtes Verhalten. Wenden Sie sich Ihrem Kind zu, ermuntern und bestärken Sie es.

Denk-Auswege, wenn alles zusammenbricht

»**Wenn ein Schmerz zu dir kommt,** frag dich, was er von dir will!« Oder: »Jede Erfahrung hat auch einen Sinn.« Vielleicht haben Sie das auch schon gehört: Kluge Sprüche, die nur ganz plötzlich ihre Weisheit und Berechtigung verlieren, sobald man selbst in eine Situation gerät, die man nicht aushalten will oder kann. Glück scheint uns immer zuzustehen – Unglück ereilt uns stets ungerecht. So zu denken ist menschlich. Trotzdem stimmt auch: Viele Menschen auf dieser Welt könnten von schweren

Schicksalsschlägen berichten, die im Moment unüberwindbar erschienen, die ihrem Leben aber Jahre später zu einer positiven Wende verholfen haben. Und: Unglück gehört zu jedem Leben dazu, wie Schatten zum Licht gehört.

Stoppen Sie die Talfahrt!

Das Schlimme in den dunklen Phasen unseres Lebens ist, dass wir uns dem Schicksal ausgeliefert fühlen – und uns mithilfe einer unheilvollen Schraube düsterer Gedanken-Bilder tiefer und tiefer in unser Elend hineinziehen lassen. Sicher kennen Sie das: Sie zerbrechen sich den ganzen Tag lang den Kopf über etwas, das Sie so gern vergessen würden! Sie tragen einen belastenden Gedanken Tag und Nacht mit sich herum, befassen sich ständig nur mit diesem Problem und erzählen jedem von ihrem Leid, bis ins kleinste Detail? Ist dies nicht purer Masochismus, dass wir es diesem Schmerzensbild erlauben, uns stets zu begleiten? Es bricht in unsere Welt ein, sobald wir am frühen Morgen die Augen öffnen, und verlässt uns auch nicht während der Nacht, die wir meist schlaflos verbringen. Unser Leben wird zur Hölle, wir werden depressiv, und der Schmerz überschreitet oft die Grenze des Erträglichen. Dass dann manchmal sogar Selbstmordgedanken aufkommen, ist leicht verständlich. So weit wollen wir es nicht kommen lassen! Darum müssen wir täglich an uns arbeiten, um diese dunklen Bilder und negativen Gedanken konsequent zu vertreiben.

Sie sorgen also mit Ihrem Grübeln dafür, dass sich der Schmerz tiefer und tiefer einbrennt – ohne dass Ihnen das irgendetwas bringt! Sobald Sie sich dessen bewusst werden, müssen Sie etwas dagegen tun! Beginnen Sie nach einer kurzen Analyse Ihres Negativ-Bildes, das Problem von einer anderen Seite zu betrachten. Versuchen Sie, das dunkle Bild durch ein helles, erfreuliches und positives Bild zu ersetzen. Nur so wird es Ihnen gelingen, das Negative nicht mehr zu sehen und es somit wirklich zu vertreiben.

Suchen Sie das Glück im Unglück!

Wenn Sie also nicht mehr an eine Situation denken wollen, in der sie sehr gelitten haben, und wenn Sie diese wirklich vergessen

GU-ERFOLGSTIPP

Ich vergleiche das Unterbewusstsein gern mit einer Waschmaschine: Geben Sie ihm ein wenig Zeit, und es reinigt Ihre Erinnerungen von all den ungeklärten Gefühlen und dem Durcheinander an Emotionen. Auch aussichtslos erscheinende Situationen sind mit Geduld und Zeit zu meistern. Lösungen fliegen uns plötzlich zu, sobald wir loslassen.

wollen, dann müssen Sie versuchen, im Erlebten trotz allem etwas Positives zu sehen; jedes Mal, wenn die Erinnerung in Ihnen hochkommt, sollten Sie sich dann sofort dieses positive Bild vor Augen halten. Und so kann es funktionieren:

Beispiel 1:
Ihr Haus ist von Dieben heimgesucht worden, und sie haben Ihnen den ganzen Schmuck gestohlen.
> Denken Sie, dass Sie den Schmuck lange genug getragen haben, oder dass es ein Glück war, dass Ihnen die Räuber nicht die wertvollen Skulpturen Ihrer Großmutter gestohlen haben! Oder: dass es eigentlich »gute« Räuber waren, die Ihnen zumindest nicht wie üblich die ganze Einrichtung zerstört haben.

Beispiel 2:
Sie haben Ihre Ersparnisse an der Börse verloren, weil Sie sich von einem Bankbeamten zu dieser Investition überreden ließen.
> Denken Sie, dass es dieses eine Mal auch Sie erwischt hat und dass Sie aus dieser Erfahrung viel gelernt haben. In Zukunft werden Sie es anders machen – besser.

Beispiel 3:
Es hat Sie stark erwischt. Sie liegen mit einer Lungenentzündung im Bett, und der Arzt hat Ihnen eine dreiwöchige Bettruhe verordnet.
> Bedenken Sie, dass diese plötzliche Krankheit Ihnen die Möglichkeit gibt, einmal über vieles nachzudenken und Ihr Leben zu analysieren. Ihr Körper will Ihnen vielleicht etwas mitteilen und Ihnen ein Signal geben. Vielleicht ist es auch gut, einmal den täglichen Wettkampf in unserer Existenz zu unterbrechen und sich mit dem »Wesentlichen« zu befassen.

Beispiel 4:
Sie sind mit Ihrem Unternehmen in Konkurs gegangen und haben nur noch Schulden.
> Denken Sie, dass Sie Ihr größtes Kapital, Ihre Gesundheit, nicht verloren haben. Dies ist der wahre Reichtum, um den Sie

DENKREGELN BEWUSST EINSETZEN!
Denken Sie auch daran: Jedes gedachte Bild wirkt auf unser Befinden genauso wie etwas tatsächlich Erlebtes! Und jedes Bild, das Sie wieder und wieder aus dem Gedächtnis hervorholen, wird durch das Erinnern verstärkt.

114

zahlreiche Menschen, die viel Geld besitzen, beneiden. Gesund sein bedeutet, die nötige Kraft für einen Neuanfang zu haben. Die bedeutendsten Erfolgsleute haben irgendwann in ihrem Leben auch einmal eine finanzielle Schlappe einstecken müssen, sie haben daraus gelernt und sind letztendlich doch als Sieger hervorgegangen.

Auch wenn Sie es sich selbst im ersten Moment nicht glauben können: Jede Krise in Ihrem Leben ist auch eine Chance!

Beispiel 5:

Ihr/e Partner/in hat Sie wegen einer/m anderen verlassen. Sie sind verzweifelt und zutiefst verletzt. In Ihrem Liebeskummer laufen Sie ständig mit der Vorstellung dieser beiden herum, die sich lieben.

> Leider treibt uns die Eifersucht meist zu solchen Gedanken. Doch besser ist es, Sie stellen sich vor, wie Sie nach einer Zeit der Trauer für neue Möglichkeiten offen sein werden. Es ist niemals so, dass eine Beziehung, die zu Ende geht, nur einen der Partner eingeschränkt hat – auch Sie können sicher erkennen, die Sie nun nach dem Ende der Beziehung in mancher Hinsicht Ihre Bedürfnisse und Wünsche wieder authentischer ausleben können. Sie haben aus dieser Beziehung gelernt – das wird Ihnen für die Zukunft helfen!

Beispiel 6:

Ihr 13-jähriger Sohn hat sich offensichtlich entschlossen, sich in seinem künftigen Leben nie mehr mit der Schule zu befassen. Debatten mit ihm, Gespräche mit den Lehrern, Strafen und Konflikte haben nichts gebracht. Er wird dieses Schuljahr wiederholen müssen, das steht fest. Sie sind verzweifelt: Haben Sie als Eltern versagt? Sind die Zukunftschancen Ihres Kindes nun alle verbaut?

> Sie haben das, was Sie Ihrem Kind mitgeben konnten, mitgegeben. Viele Menschen brauchen Umwege, bevor sie ans Ziel kommen – und die so erreichten Erfolge sind oft die, auf die man am stolzesten ist. Alles ist noch möglich: Vielleicht versteht Ihr Kind das wiederholte Schuljahr als »Schreckschuss« des Schicksals und ergreift die Chance, sich wieder neu zu engagieren. Aber selbst wenn Ihr Sohn den Schulabschluss schließlich nicht schaffen sollte – es wird andere Möglichkeiten geben. Und: Seine Ziele und Träume müssen nicht unbedingt die sein, die Sie für ihn haben.

Alles nur Zweckoptimismus?

Jetzt werden Sie vielleicht denken: »Der hat es leicht mit seinen Beispielen! Ich bin aber in meiner Situation davon überzeugt, dass es nichts Gutes daran zu finden gibt, warum soll ich so tun, als ob ich das alles toll fände?« Ein solcher Widerstand ist normal. Und tatsächlich ist es manchmal notwendig, das Positive buchstäblich zu »erfinden«, um die negativen Gedanken zu stoppen. Die Technik, das »Glück im Unglück« zu suchen, hilft einem dabei sehr! Auch beim erschütterndsten Ereignis kann man immer wieder den Satz heranziehen: »Es hätte auch schlimmer sein können ...!« Es gibt fast immer etwas Schlimmeres, das uns auch hätte zustoßen können. Vergessen wir das nie! Diese Einstellung mag vielleicht »naiv« und »oberflächlich« erscheinen, aber ich bin in solchen Momenten lieber naiv und oberflächlich als zu einem späteren Zeitpunkt traurig und depressiv!

TIPP

Schlafen Sie einmal drüber: Es hilft oft wirklich. Lassen Sie Ihr Problem einige Stunden ruhen, finden Sie Abstand. Verzweifeltes Weitergrübeln führt oft ohnehin nicht zum Ziel.

Rettungsanker in der Krise

Ebenso wie die an den Beispielen oben gezeigte Technik »Suche nach dem Glück im Unglück« helfen einige »Anker«, die Sie in akuten Notsituationen ausprobieren können – sicher finden Sie eine, die Ihnen hilft, aus dem Tief zu kommen. Und auch wenn Sie es momentan nicht glauben können: Sobald Sie begonnen haben, Ihr Schicksal wieder selbst in die Hand zu nehmen, statt sich als Opfer zu fühlen, werden Sie die Krise überwinden und sogar für Ihren weiteren Lebensweg Kraft aus ihr schöpfen können.

Halb voll statt halb leer

Im Moment können Sie nur Ihren Verlust sehen, Ihr Problem: das, was Ihnen fehlt, um glücklich zu sein. Aber auch wenn gerade einiges aus dem Glas ausgeschüttet wurde: es ist niemals ganz leer, sondern immer noch ein Stück weit voll (siehe Seite 41). Überlegen Sie, was Sie haben: Gut, Sie haben keinen Job mehr – aber vielleicht eine Familie, die Ihnen den Rücken stärkt? Sie befinden sich im finanziellen Desaster – aber gesundheitlich geht es Ihnen immer noch gut? Sie sind von Ihrer großen Liebe verlassen worden – aber Ihre zwei besten Freundinnen stehen weiterhin zuverlässig an Ihrer Seite? Wenn Sie möchten, schreiben Sie sich eine Liste mit allem, was Sie haben. In dunklen Momenten hilft es, sich das vor Augen zu halten und dankbar sein zu können.

Zeit heilt alle Wunden

Sie kennen diesen Ausspruch – den man gerade dann häufig hört, wenn man von einem Partner verlassen wurde oder seinen Arbeitsplatz verloren hat. Stellen Sie sich bildlich vor, wie Sie sich in einem Jahr fühlen werden: Vielleicht haben Sie dann eine neue Stelle gefunden, die Ihren Fähigkeiten und Neigungen viel besser entspricht – die Sie aber nie gefunden hätten, ohne vorher die alte Stelle zu verlieren. Oder Sie treffen in zwei Jahren Ihre wirkliche große Liebe, mit der Sie glücklich werden. Erinnern Sie sich an frühere Krisen in Ihrem Leben: Sie erschienen Ihnen in dem Moment so schlimm, nicht auszuhalten – heute können Sie darüber fast schon schmunzeln! Bei diesen Vorstellungen helfen Ihnen sicher auch die Übungen zum Eigenbild und zur Problemlösung (siehe Seite 89 ff.).

Raus!

Gerade bei starken emotionalen Krisen kann es auch helfen, zuerst einmal Wut, Trauer oder Ärger rauszulassen. Wie das passieren kann, ist für jeden Menschen unterschiedlich: Oft hilft es, sich wirklich körperlich zu verausgaben: Laufen, tanzen, boxen und springen Sie, bis Sie nicht mehr können. Wenn Sie sich draußen in der Natur bewegen, ist es noch besser: Körperliche Aktivi-

---

HUMOR IST ...

Ihnen ist momentan gar nicht zum Lachen. Und doch: Manchmal hilft es, sich die ganze verfahrene Situation von einer komischen Seite aus anzuschauen – Lachen befreit körperlich und geistig.

tät und die Nähe zur Natur helfen nachweislich, emotionalen Stress abzubauen (siehe auch Seite 79 ff.).

Stopp – and flow!

Am besten schreiben Sie sich jetzt gleich auf, welche Aktivität Sie beginnen können, um Ihre Situation erträglicher zu machen. Denken Sie nach: Auch wenn Sie am liebsten alles hinwerfen wollen: Was bringt Sie normalerweise in bessere Stimmung? Laufen auf einem schönen Waldweg? Malen? Vielleicht auch, konzentriert an etwas zu arbeiten? Wichtig ist, dass diese Tätigkeiten Sie völlig ausfüllen (siehe Seite 78).

Nun versuchen Sie jedes Mal, wenn Sie beginnen, wieder über Ihr großes Unglück nachzugrübeln, sich selbst ein energisches: »Stopp!« zuzurufen. Fragen Sie sich immer wieder: Nützt es jetzt, diese Gedanken zu wälzen? Ändert es irgendetwas an der Situation, wenn Sie die nächste halbe Stunde grübeln? Nein? Dann werfen Sie einen Blick auf Ihre Liste und tun Sie sofort etwas, was Sie dort lesen – ohne vorher noch lange nachzudenken. Es geht immer nur um die 9000 Bilder, die Sie täglich in Ihrem Unterbewusstsein sammeln, denken Sie daran.

Werden Sie zum Macher!

Das Schlimmste in Krisen ist oft das Gefühl, einem grausamen Schicksal ausgeliefert zu sein, selbst nichts tun zu können. Wenn Sie es schaffen, dieses Gefühl zu besiegen, sind Sie der Lösung Ihrer Probleme oft ein großes Stück näher gekommen! Wann immer Sie können, beschäftigen Sie sich mit pragmatischen Lösungsmöglichkeiten: Sie wollen, dass es Ihnen besser geht, dass Ihr Problem gelöst wird. Sobald Ihnen etwas einfällt, was Sie diesem Ziel näher bringt, tun Sie es sofort, wenn irgend möglich.

GU-ERFOLGSTIPP

Wenn Sie seelisch gesund bleiben wollen, brauchen Sie Freunde: Menschen, zu denen Sie eine tiefe Beziehung haben. Menschen, bei denen Sie so sein können, wie Sie wirklich sind. Dabei kommt es nicht auf deren Anzahl an, sondern auf die Qualität der Beziehung. Pflegen Sie Ihre Freundschaften. Und wenn Sie keine guten Freunde haben oder diese Beziehungen vernachlässigt haben, arbeiten Sie gezielt daran: Investieren Sie Zeit, Interesse und Energie – dafür lohnt es sich! Freunde tun Ihrer Seele gut, fangen Sie auf, wenn es Ihnen nicht gut geht, und geben Ihnen auch die Möglichkeit, selbst aus vollem Herzen zu geben und zu schenken, wenn es Ihnen gerade wieder richtig gut geht.

Die Welt mit anderen Augen sehen

Vielleicht meinen Sie jetzt, dass es am besten wäre, sich die Augen zu verbinden, die Ohren zu schließen und sich mit Meditation und viel guter Fantasie eine positive Welt zu schaffen, um der täglichen Weltuntergangsstimmung der Menschheit und der Medien zu entkommen. Ich glaube aber, dass es im Leben nur eine gewisse Disziplin braucht, um sich selbst zu schützen, denn wenn man die Menschheit genauer betrachtet und analysiert, so ist sie genau das Gegenteil von Negativem und Horror. Seit ihren Anfängen bis zum heutigen Tag ist die Entwicklung des Menschen ein langer und schwieriger Prozess gewesen. Das Ergebnis aber kann durchaus als gut bezeichnet werden. Skeptiker werden diese Aussage anzweifeln und abstreiten. Ich werde Ihnen aber jetzt einige Argumente bringen, die meine Behauptung untermauern.

Die Privilegien der heutigen Zeit

Die folgende Aussage mag vielleicht paradox klingen, da wir in diesem Buch über die schwierige und bedrückende Existenz vieler Menschen heute gesprochen haben, aber: Mit gutem Recht kann man sagen, dass es dem Menschen heute relativ gut geht und dass es ihm nie vorher so gut gegangen ist. Natürlich haben in den letzten 300 Jahren der Fortschritt und die Wissenschaft unser Leben entscheidender geprägt und verändert als in den vorhergehenden 30.000 Jahren. Diese enorme Geschwindigkeit der Veränderung bedroht unsere innere und äußere Welt. Aber man darf nicht vergessen, dass bis vor 100 Jahren der Großteil der Menschheit in einem Zustand extremer Armut gelebt hat. Wenn wir als Vergleich den heutigen Lebensstandard heranziehen, so kann man behaupten, dass es der Mehrheit so gut geht, wie es ihr noch nie gegangen ist.

Das Privileg der medizinischen Versorgung

Wir sollten uns bewusst sein, dass wir heute die beste medizinische Versorgung seit jeher haben. Denken wir nur zurück, was unsere Vorfahren oft mitmachen mussten: Bis 1800 starb jedes dritte Kind an einer Kinderkrankheit, jede fünfte Mutter an oder nach

DER TRIUMPH DER SAUBERKEIT

Auch Hygiene war lange Zeit weltweit ein absoluter Luxus: Seife und fließendes Wasser waren im 19. Jahrhundert noch eine wertvolle Ware und für wenige da. Dies sollte uns jedes Mal bewusst sein, wenn wir mit einem Handumdrehen warmes Wasser haben und uns unter einer wohltuenden Dusche entspannen dürfen.

einer Schwangerschaft. Noch 1890 war eine Blinddarmentzündung ein sicheres Todesurteil. Seuchen und Krankheiten wie Pest, Pocken, Lepra, Diphtherie, Tetanus, Masern, Syphilis, Kinderlähmung und viele andere, die ganze Völker dezimiert haben, sind heute bei uns nur noch Ausnahmeerscheinungen. Im Zusammenhang mit dem medizinischen Fortschritt stieg auch das Durchschnittsalter: Zur Zeit der alten Ägypter lag es bei 28 Jahren, im Mittelalter in Europa bei 45 Jahren und noch 1930, also vor weniger als hundert Jahren, wurde der Mensch durchschnittlich 57 Jahre alt. Wir können uns heute über durchschnittlich 78 Jahre freuen.

Einen großen Durchbruch erlebte die Medizin auch durch die Erfindung von Schmerzmitteln und die Anästhesie. Was unsere Ahnen an körperlichen Leiden ertragen mussten, ist unvorstellbar. Im Mittelalter wurden Operationen vollkommen ohne Narkose durchgeführt. Noch im Ersten Weltkrieg war Alkohol oft das einzige Betäubungsmittel für schwere Operationen wie etwa eine Beinamputation. Jeder Schmerz, den wir heute mit Medikamenten lindern, wurde unter großen Qualen ertragen.

Das Privileg der Ernährung

Seit seiner Entstehung musste der Mensch um sein tägliches Brot kämpfen. Abgesehen von katastrophalen Verhältnissen in einigen Entwicklungsländern ist »Hungern« für uns heute ein Fremdwort. Uns stehen nicht nur das lebensnotwendige Essen, sondern auch alle nur erdenklichen Köstlichkeiten zur Verfügung. Auch wenn Nahrungsmittel etwa durch Genmanipulation oder chemische Zusätze einiges an Wert einbüßen, stirbt heute in der westlichen Welt niemand mehr an Vitaminmangel, wie es noch vor 100 Jahren der Fall war.

Das Privileg der Bildung

Auch wenn das Privileg der Schulbildung noch nicht für alle Kinder der Welt, besonders nicht für Mädchen gilt, so können wir dennoch behaupten, dass es in der Geschichte noch nie eine so weit verbreitete Schulbildung für alle gesellschaftlichen Klassen gegeben hat. Statistiken aus Ländern der Dritten Welt bestätigen,

NOCH MEHR VORTEILE ...

Ein weiteres Privileg, das wir heute selbstverständlich genießen, ist die Möglichkeit, uns in der Natur zu erholen und sie als Freund und nicht als feindlich gesinnte Macht zu erleben. Auch Sport treiben zu können und Zeit für Unterhaltung, ein gutes Buch, Spiele zu haben – all das sind Möglichkeiten, die Menschen kaum jemals hatten!

dass durchschnittlich auf der Welt noch nie so viele Kinder in die Schule gegangen sind wie heute. Die Analphabeten unter den Menschen werden glücklicherweise immer weniger, und die Menschheit öffnet sich immer mehr dem Wissen und der Kultur.

Das Privileg der Demokratie

Politik, Macht und Herrschaft haben schon immer etwas Abschreckendes an sich gehabt, auch wenn ein gesellschaftliches Zusammenleben nur unter einer gewissen Staatsform mit Gesetzen und Disziplin möglich ist. Wenn man nun die verschiedenen Regierungssysteme der Vergangenheit mit ihren Herrschern, Königen, Tyrannen und Diktatoren analysiert, so kann man behaupten, dass die heutige Demokratie, bis jetzt zumindest, immer noch die beste Regierungsform ist. Es hat geschichtlich noch nie eine Zeit gegeben, in der das Regieren so volksnah gestaltet war wie heute. Es gibt zwar noch zahlreiche Länder, in denen die Menschen noch nicht über dieses Privileg verfügen, doch auch die Regimes in diesen Ländern geraten immer mehr unter den Druck internationaler Gremien und Menschenrechtsorganisationen.

Das Privileg der Ethik

Das Wort Ethik steht für Ehrlichkeit, Moral, Respekt und korrektes Verhalten seinen Mitmenschen gegenüber. Ethisches Verhalten als Grundregel des menschlichen Zusammenseins findet seit Jahren seinen Einzug in die Bereiche der Medizin, der Soziologie, der Wissenschaft und Forschung, der Rechtsprechung und der Wirtschaft. Dies ist ein Zeichen des kulturellen und sozialen Fortschritts. Die Ethik im sozialen Umgang lässt uns zu besseren Menschen werden.

Sicher wird in der Wirtschaft, im Handel, im Bankwesen und am Finanzmarkt ohne Pardon um Vorteil und Gewinn gekämpft, und es herrscht die Regel des Stärkeren und Schlaueren. Zwar dominieren Rechtsanwälte und Richter das gesellschaftliche Leben, aber die Rechtsprechung ist eine Errungenschaft der Zivilisation, und die vielen Gesetze und Normen bringen sicher mehr Gerechtigkeit, als es das Recht des Stärkeren früher brachte.

ETHIK – EIN WERT UNSERER ZEIT

Vergessen wir auch nicht, dass bis 1950 der Handel mit Entwicklungsländern ausschließlich eine Ausbeutung der Dritten Welt war. Es gab einerseits die Kolonialmächte und andererseits die eroberten Kolonialländer.

Heute gibt es auch im internationalen Handel eine gewisse Transparenz und Abkommen zum Schutz der ärmeren Länder. »Fair trade« ist ein Begriff der heutigen Zeit.

Das Privileg der Nächstenliebe

»Nächstenliebe« ist ein alter Begriff. In früheren Zeiten gingen Mäzene und Gönner, die wirklich ihrem Nächsten halfen, durch ihre Taten und ihre Großzügigkeit in die Geschichte ein. Heute gibt es immer mehr Menschen und Organisationen, die »Nächstenliebe« zum Inhalt ihres Lebens machen.

Zuneigung und Liebe haben viel mit der eigenen Situation zu tun: Nur wenn ich habe, dann kann ich geben, dies ist ein altes Grundprinzip. Und weil gerade das moderne Leben den meisten von uns so viel Reichtum und Überfluss gebracht hat, sind wir heute mehr denn je in der glücklichen Lage, dem Nächsten geben und helfen zu können.

Ein Beweis dafür sind die zahlreichen ehrenamtlichen Vereine, die Hilfsorganisationen und die vielen freiwillige Helfer, die heute überall in der Welt tätig sind. Noch nie hat es so viele Menschen gegeben, die in der Wohltätigkeit, in sozialen Bereichen und in der Entwicklungshilfe aktiv waren.

Das Privileg der »guten« Informationen

In diesem Buch habe ich mit Kritik an der Medienwelt nicht gespart. Dennoch soll darauf hingewiesen werden, dass die Journalisten die Propheten der modernen Zeit sind. Sie sind Ratgeber und mutige Berichterstatter und vermitteln zum Teil auch wichtige und positive Informationen.

Ihre andere Rolle als Miesmacher und Angstmacher ist sicher für sie selbst nicht leicht zu ertragen. Abgesehen von den Katastrophen- und Sensationsmeldungen ist Information ein wesentlicher Grundstein unseres Fortschritts. Sie wacht über Recht und Unrecht und schweißt die Welt zusammen. Nachrichten verbreiten sich in kürzester Zeit in der ganzen Welt. Es wird so immer schwieriger, Völker zu unterdrücken und ungesetzliche Maßnahmen zu ergreifen, ohne dass die Öffentlichkeit davon erfährt.

INFORMATION ALS SEGEN

Um Hintergründe und Fakten aufzuspüren und so der Wahrheit näher zu kommen, begeben sich Reporter oft in große Gefahr. Sie haben in den letzten 50 Jahren unendlich viel dazu beigesteuert, dass ein Großteil der Menschheit in Freiheit und Frieden leben kann.

Hoffnungsträger Glaube

Es ist mir ein großes Anliegen, in diesem Buch, das über die gesunde Art zu denken spricht, auch einen Abschnitt über den Glauben einzufügen. Obwohl in unserer modernen, rationalen und technologischen Welt nur noch wenig Platz für Glauben übrig ist und dieses Wort manchmal sogar unwillkommen ist, möchte ich dennoch einige Worte dazu sagen. Der Mensch, den wir in allen seinen Denk- und Verhaltensmustern zu analysieren versuchen, der mit so vielen Fragen konfrontiert ist und der versucht, alle zu beantworten, ist mit einem Problem noch nie fertig geworden. Die neue Zeit hat zwar die alten Gottheiten verscheucht und viele Antworten auf die dunklen Fragen der Menschheit gefunden, doch auf die ängstliche Frage nach seiner Zerstörbarkeit und die Vergänglichkeit hat der Mensch bisher noch keine Antwort bekommen. Im Zeitalter der höchsten Entwicklung, der alles erklärenden Wissenschaft und der computergesteuerten Perfektion führt jeder Weg am Ende immer noch zum kleinen, armen, ängstlichen, kranken und hilflosen Menschen, der sich fragt, woher er kommt und wohin er geht. Für diesen Menschen habe ich eigentlich dieses Buch geschrieben, denn in ihm finden wir uns alle wieder! Obwohl wir heute glauben, für alles eine Erklärung gefunden zu haben, obwohl wir im Zeitalter der Genetik schon in der Lage sind, aus einer Zelle neues Leben zu schaffen, ist dennoch die Endfrage über unser Schicksal, über Leben und Tod immer noch offen. Auch ich selbst, der ich als Autor dieses Buches über Optimismus und positives Denken die Absicht hatte, Ihnen Lösungen anzubieten, stehe vor den Grundfragen unserer Existenz leider ohne Antwort da. Allzu oft wird die Menschheit mit schweren Schicksalsschlägen, unheilbaren Krankheiten und plötzlichen Unfällen konfrontiert! Wie schwierig ist es, in solchen Situationen noch positiv zu denken! Für den Tod kann ich Ihnen beim besten Willen keine rationale Antwort geben, welche das Problem ins Positive wenden könnte. Der Tod ist trotz aller medizinischen Fortschritte für jeden von uns immer noch die Endstation des menschlichen Daseins. Letztendlich stehen wir alle da, klein und hilflos, vor der Größe der

---

WARUM GLAUBE DAS LEBEN ERLEICHTERT

Den Glauben an die Existenz einer Gottheit sollte jeder Mensch haben, will er sich nicht ein zusätzliches und unendlich negatives Bild von seinem Leben machen. Der Glaube schenkt uns die positiven Bilder, die wir gerade dann so sehr brauchen, wenn unser rationales Denken sie uns nicht mehr liefern kann.

unendlich vielen Fragen. Und da bleibt uns nur noch die Kraft des Glaubens, die uns zu Hilfe kommen kann. Von Machthabern im Namen der Religionen so furchtbar missbraucht, ist der Glaube die Grundlage des Optimismus.

Zuversicht im Vertrauen finden

Der Glaube, von dem ich hier spreche, hat nichts mit Dogmen und Religion zu tun. Er ist die Hoffnung, die Zuversicht, der Halt, die Demut des winzigen und ängstlichen Menschen, der sich trotz oder gerade wegen seines Wissens bewusst ist, dass es auf dieser Welt etwas Höheres, Größeres und Perfekteres gibt, das ihn erschaffen hat und das ihn nach seinem Tode wieder aufnehmen wird. Der Mensch braucht die Vorstellung eines Gottes, eines Allmächtigen. Die Atheisten, die nicht an die Existenz einer Gottheit glauben, sind sich gar nicht bewusst, welche Last sie sich unnütz aufbürden, wenn sie sich selbst die Verantwortung für ihr Dasein zuschreiben. Warum verleugnen sie die Macht Gottes, die letztendlich für ihr Schicksal verantwortlich ist, warum nehmen sie die größte Ungewissheit des Lebens, jeden Anfang und jedes Ende auf sich? Ist das nicht vollkommen absurd? Gott, Allah, Shiva, Buddha, oder wie wir ihn auch nennen wollen, übernimmt die Verantwortung für unsere Existenz, unser Schicksal und unser Karma. Im Augenblick, in dem der Glaube uns zu Hilfe kommt, werden schwere Schicksalsschläge plötzlich erträglich. Die Verantwortung für das Leben liegt letztendlich bei einer größeren Macht, und diese Gewissheit kann uns vor tiefer Niedergeschlagenheit und Verzweiflung retten. Der Glaube daran, dass mit dem Tod nicht alles enden kann und dass etwas so Einzigartiges wie ein lebendes Wesen, das gesprochen, geliebt, gelacht und geweint hat, uns nur vorausgegangen ist und irgendwo weiterlebt, ist ein positives Bild, das uns Ruhe geben kann. Diese Ruhe kann uns jede Religion und jeder Glaube geben. Ob wir in einer Kirche, einer Moschee oder in einem Tempel beten, kann uns ganz egal sein. Wichtig ist, dass wir glauben und unsere innere Ruhe finden. Schließlich geht es immer um die restlichen 8999 positiven Bilder, vergessen Sie das nie!

PLÄDOYER FÜR DIE ZUVERSICHT
Wie aufgeklärt und fortschrittlich wir auch immer sein mögen: Nicht alles ist zu erklären – das ist die Grundlage dafür, dass Menschen auch das Bedürfnis haben, zu glauben. Und aus diesem Glauben schöpfen wir Hoffnung.

Bücher, die weiterhelfen

Meditation und Entspannung

Bannenberg, Thomas: Yoga für Kinder; GRÄFE UND UNZER VERLAG

Grasberger, Delia: Autogenes Training (mit CD); GRÄFE UND UNZER VERLAG

Hainbuch, Friedrich: Progressive Muskelentspannung (mit CD); GRÄFE UND UNZER VERLAG

Hinterthür, Petra: Qigong nach den Fünf Elementen (mit DVD); GRÄFE UND UNZER VERLAG

Mannschatz, Marie: Meditation. Mehr Klarheit und innere Ruhe (mit CD); GRÄFE UND UNZER VERLAG

Strand, Clark: Einfach meditieren. Übungen für ein gelasseneres Leben; Fischer Taschenbuch Verlag

Trökes, Anna: Yoga zum Entspannen (mit CD); GRÄFE UND UNZER VERLAG

Kommunikation und Beziehungen

Dannemeyer, Petra: Konflikte lösen; GRÄFE UND UNZER VERLAG

Matschnig, Monika: Körpersprache; GRÄFE UND UNZER VERLAG

Öttl, Christine und Härter, Gitte: Das 1x1 der Schlagfertigkeit; GRÄFE UND UNZER VERLAG

Rosenberg, Marshall B.: Gewaltfreie Kommunikation; Junfermann

Psychologie, Glück, Optimismus

Csikszentmihalyi, Mihaly: Flow. Das Geheimnis des Glücks; Klett-Cotta

Horx, Matthias: Anleitung zum Zukunfts-Optimismus. Warum die Welt nicht schlechter wird; Campus Verlag

Lindinger, Karin: Lass los und ... gewinne!; GRÄFE UND UNZER VERLAG

Mary, Michael, Nordholt, Henny: Change. Lust auf Veränderung; Bastei Lübbe

Moschke, Grit und Schmidt, Dr. Mathias R.: Fitness für die Seele. Mit Bewegung aus dem Stimmungstief; GRÄFE UND UNZER VERLAG

Watzlawick, Paul: Anleitung zum Unglücklichsein; Piper Verlag

Witzleben, Ines von und Schwarz, Aljoscha A.: Endlich frei von Angst; GRÄFE UND UNZER VERLAG

Politik, Religion und Glaube

Mannschatz, Marie: Buddhas Anleitung zum Glücklichsein; GRÄFE UND UNZER VERLAG

Hahne, Peter: Leid. Warum läßt Gott das zu?; Hänssler Verlag

Hahne, Peter: Schluss mit lustig! Das Ende der Spaßgesellschaft; Verlag Johannis

Sachregister

Erziehung

Hüther, Prof. Dr. Gerald und Nitsch, Cornelia: Kinder gezielt fördern; GRÄFE UND UNZER VERLAG

Kunze, Petra und Salamander, Catharina: Die schönsten Rituale für Kinder; GRÄFE UND UNZER VERLAG

Murphy-Witt, Monika und Stamer-Brandt, Petra: Das Erziehungs-ABC; GRÄFE UND UNZER VERLAG

Quattrocchi, Angelo: Wie schütze ich mich und meine Familie vor dem Fernsehen; Raymond Martin Verlag

Adressen, die weiterhelfen

Mit diesem Buch unterstützt der Autor das Projekt „New Hope, New Life for the streetchildren of Calcutta" vom Verein „Südtiroler Ärzte für die Dritte Welt". www.world-doctors.org Fragen dazu direkt an den Autor unter: info@mindstudio-m.com

UNSER OPTIMISMUS-TRAINING „LIVE"!!

Sie können alle Beispiele und Übungen in diesem Buch für sich zu Hause allein nutzen. Für alle, die eine persönliche Anleitung oder weitere Hilfen für ein erfülltes, glückliches Leben suchen, bieten wir unser Optimismus-Training auch „live" an. Der Psychologe und Psychotherapeut Dr. Elmar Teutsch führt zusammen mit seinem Team die Teilnehmer in gezielten Übungen zu den Kernsätzen unserer Gedankenmedizin. Sie erleben, wie Sie die Kraft Ihrer Gedanken positiv einsetzen können: Denkprozesse neu programmieren, Probleme vertreiben, Glück und Lebensfreude finden. Das Optimismus-Training findet an schönen Orten in Südtirol (Italien) statt.
Weitere Informationen unter: www.telos-training.com
(Mail: info@telos-training.com)

Impressum

ISBN 978-3-8338-0540-0

3. Auflage 2009

Umwelthinweis

Dieses Buch wurde auf chlorfrei gebleichtem Papier gedruckt.

Programmleitung: Ulrich Ehrlenspiel
Redaktion: Silvia Herzog
Lektorat: Ina Raki
Bildredaktion: Henrike Schechter
Layout: independent Medien-Design, Claudia Hautkappe
Herstellung: Petra Roth
Satz: Christopher Hammond
Reproduktion: Repro Ludwig, Zell am See
Druck: Firmengruppe APPL, aprinta druck, Wemding
Bindung: Firmengruppe APPL, sellier druck, Freising

Bildnachweis:

Illustrationen: Michael Luz, Stuttgart

Fotos: Corbis: S. 3 li., 38/39; Getty: U4 li., S. 2, 3 re., 6/7, 66/67; GU: U1 (M. Leis); Mauritius: U2/S. 1, U4 re.; Picture Press: S. 104/105; Privat: S. 4.

Wichtiger Hinweis

Die GU-Homepage finden Sie unter www.gu-online.de

GRÄFE UND UNZER

Ein Unternehmen der
GANSKE VERLAGSGRUPPE

Liebe Leserin und lieber Leser,

wir freuen uns, dass Sie sich für ein GU-Buch entschieden haben. Mit Ihrem Kauf setzen Sie auf die Qualität, Kompetenz und Aktualität unserer Ratgeber. Dafür sagen wir Danke! Wir wollen als führender Ratgeberverlag noch besser werden. Daher ist uns Ihre Meinung wichtig. Bitte senden Sie uns Ihre Anregungen, Ihre Kritik oder Ihr Lob zu unseren Büchern. Haben Sie Fragen, oder benötigen Sie weiteren Rat zum Thema? Wir freuen uns auf Ihre Nachricht!

GRÄFE UND UNZER VERLAG

Leserservice
Postfach 86 03 13
81630 München

Wir sind für Sie da!

| Montag–Donnerstag: | 8.00–18.00 Uhr |
| Freitag: | 8.00–16.00 Uhr |

Tel.: 0180-5005054*
Fax: 0180-5012054*

*(0,14 € /Min. aus dem dt. Festnetz/ Mobilfunkpreise können abweichen.)

E-Mail: leserservice@graefe-und-unzer.de

Wollen Sie noch mehr Aktuelles von GU erfahren, dann abonnieren Sie doch unseren kostenlosen GU-Online-Newsletter und/oder unsere kostenlosen Kundenmagazine.

Unsere Garantie

Alle Informationen in diesem Ratgeber sind sorgfältig und gewissenhaft geprüft. Sollte dennoch einmal ein Fehler enthalten sein, schicken Sie uns das Buch mit dem entsprechenden Hinweis an unseren Leserservice zurück. Wir tauschen Ihnen den GU-Ratgeber gegen einen anderen zum gleichen oder einem ähnlichen Thema um.

GRÄFE
UND
UNZER

Ein Unternehmen der
GANSKE VERLAGSGRUPPE